MW00790207

Un encuentro entre Dios y el cáncer

un encuentro entre

Dios y el cáncer

Historias

verídicas

de

esperanza

y sanidad

Lynn Eib

Tyndale House Publishers, Inc.
Carol Stream, Illinois, EE. UU.

Visite Tyndale en Internet: www.tyndaleespanol.com y www.BibliaNTV.com.

TYNDALE y el logotipo de la pluma son marcas registradas de Tyndale House Publishers, Inc.

Un encuentro entre Dios y el cáncer: Historias verídicas de esperanza y sanidad

© 2012 por Lynn Eib. Todos los derechos reservados.

Originalmente publicado en inglés en 2002 como *When God and Cancer Meet: True Stories of Hope and Healing* por Tyndale House Publishers, Inc., con ISBN 978-0-8423-7015-8.

Fotografías de la portada © 2001 por Brian MacDonald. Todos los derechos reservados.

Fotografía de la autora tomada por Ken Myers Photography © 2011. Todos los derechos reservados.

Diseño: Kelly Bennema

Edición del inglés: Lisa A. Jackson

Traducción al español: Raquel Monsalve

Edición del español: Mafalda E. Novella

El texto bíblico sin otra indicación ha sido tomado de la *Santa Biblia*, Nueva Traducción Viviente, © Tyndale House Foundation, 2010. Usado con permiso de Tyndale House Publishers, Inc., 351 Executive Dr., Carol Stream, IL 60188, Estados Unidos de América. Todos los derechos reservados.

Versículos bíblicos indicados con RV60 han sido tomados de la *Santa Biblia*, versión Reina-Valera 1960. © 1960 Sociedades Bíblicas en América Latina; © renovado 1988 Sociedades Bíblicas Unidas. Utilizado con permiso. *Reina-Valera 1960*™ es una marca registrada de la American Bible Society, y puede ser usada solamente bajo licencia.

Library of Congress Cataloging-in-Publication Data

Eib, Lynn.
  [When God & cancer meet. Spanish]
  Un encuentro entre Dios y el cáncer : historias verídicas de esperanza y sanidad / Lynn Eib ;
[traducción al español, Raquel Monsalve].
    p. cm.
  Includes bibliographical references (p.   ).
  ISBN 978-1-4143-6741-5 (sc)
  1. Cancer—Patients—Religious life. 2. Cancer—Religious aspects—Christianity. I. Title.
  BV4910.33.E3718 2012
  248.8'6196994—dc23
                                                    2012006401

Impreso en Estados Unidos de América

Printed in the United States of America

18   17   16   15   14   13   12
7   6   5   4   3   2   1

Dedicatoria

Este libro está dedicado

con un corazón lleno de alabanza hacia Dios;

con un corazón lleno de amor para mi

esposo, Ralph, y para mis hijas,

Danielle Joy, Bethany Noelle

y Lindsey Michelle;

y con un corazón lleno de agradecimiento para

Marc y Elizabeth Hirsh.

Contenido

Reconocimientos

Es MARAVILLOSO y al mismo tiempo me llena de humildad ver cómo la mano de Dios ha permitido que este libro se encuentre hoy en sus manos.

Quiero expresar mi **GRATITUD**:

A mis padres, Bob y Gaynor Yoxtheimer, quienes me dieron vida, amor y un título en periodismo, y quienes también siempre han sido mis hinchas más fanáticos.

A todos los sobrevivientes de cáncer y a los familiares de pacientes con cáncer que me permitieron escribir sobre sus encuentros con Dios, a fin de que otras personas pudieran encontrar esperanza.

A todos los miembros, pasados y presentes, de mi grupo de oración y apoyo para pacientes con cáncer, los que están presentes a menudo en mis oraciones y siempre en mi corazón.

A Christ American Baptist, mi iglesia, cuyas oraciones y actos de servicio nos ayudaron a superar la terrible experiencia con el cáncer y cuyo apoyo indesmayable sostiene mi ministerio a pacientes con cáncer.

A la enfermera Ruth Sieck (Oncología), cuya "terapia de la risa" durante las sesiones de quimioterapia me fue de bendición y sigue bendiciendo a otros.

A mi amigo y autor David Biebel, quien me convenció de escribir este libro y me ayudó a iniciar el proceso.

A mi compañera escritora, Karen Yingling, quien me convenció de asistir a una conferencia para escritores, donde conseguí el contacto preciso para la casa editorial Tyndale House.

A mi editora de adquisiciones, Jan Long Harris, quien creyó en mi mensaje y estuvo dispuesta a correr el riesgo con una autora inicial.

A mi editora de manuscrito, Lisa Jackson, cuya pluma enriqueció mi libro y cuyas oraciones incrementarán su impacto para el Reino.

Introducción

CUANDO ESTUVE EN EL HOSPITAL, después de mi operación de cáncer, una amiga vino a mi cuarto y me dijo que Dios iba a enseñarme grandes cosas mediante esta prueba. Yo quería sacarme la vía intravenosa del brazo, clavársela a ella y decirle: "Métete tú a la cama y aprende grandes cosas de Dios, porque yo no quiero aprender de esta forma."

Si usted o alguien a quien usted ama ha sido diagnosticado con cáncer, dudo que pueda regocijarse sobre las posibilidades de aprender a través del sufrimiento. No obstante, espero que ore y crea que Dios puede tocarlo. Sin importar quién sea y justo donde se encuentra:

Ya sea recientemente diagnosticado con cáncer y en shock, orando para que se trate de un error.

Enfrentando la cirugía, y esperando que el médico lo pueda extirpar completamente.

Soportando la quimioterapia y la radiación, y anhelando que den resultado.

Sufriendo los análisis y ansiando recibir alguna buena noticia finalmente.

Lidiando con las recurrencias, y suplicando en oración que hayan sido descubiertas a tiempo.

Al final de toda esperanza médica, y rogando por un poquito más de tiempo.

Mientras sostiene la mano de un ser amado, deseando permanecer fuerte por él o por ella.

En cualquier "categoría de cáncer" que se encuentre, este libro ha sido escrito específicamente para usted. Es la clase de libro que hubiera deseado leer cuando fui diagnosticada con cáncer avanzado de colon a la edad de treinta y seis años. Súbitamente fui empujada hacia otro mundo, un mundo que casi no conocía —el mundo del cáncer—, y necesitaba desesperadamente de alguna esperanza y de aliento.

No me malentienda; mucha gente trató de proporcionarme esperanza y aliento. Muchos me dijeron cosas como: "Superarás esto," o "Todo estará bien." Sin embargo, yo solo quería gritarles: "¿Cómo lo sabes? ¡Tú nunca has pasado por esto!"

La primera persona que realmente me proporcionó esperanza fue una mujer llamada Pat, que se me acercó después de mi primer grupo de apoyo para pacientes con cáncer, me abrazó, me acompañó hasta mi auto y me dijo que iba a superar la quimioterapia.

¿Sabe por qué le creí? No fue debido a sus años de experiencia en el campo médico o a décadas de sabiduría. Creí en ella porque tenía una pañoleta de colores brillantes sobre su cabeza, que aún estaba calva como resultado de la quimioterapia. Supe que ella sabía porque lo había experimentado en carne propia.

Pat fue la primera sobreviviente de cáncer que conocí personalmente. Ahora mi vida está llena de sobrevivientes de cáncer porque he pasado todos estos años como facilitadora voluntaria del grupo de apoyo para pacientes con cáncer y como mediadora empleada por el consultorio de mi oncólogo.

He sostenido las manos de cientos de pacientes con cáncer, he escuchado los temores de sus corazones y he visto lo que les proporciona esperanza. Sé que los pacientes con cáncer y los que los apoyan anhelan aliento mientras tratan de encontrar sentido a lo que parece un sufrimiento sin razón. Oro para que este libro le ofrezca tal aliento.

Todas las historias de este libro son verídicas, aunque algunos nombres y detalles han sido alterados para proteger la privacidad de las personas involucradas. Todas las personas en este libro han sido afectadas por el cáncer. Sin embargo, y más importante aún, creo que Dios ha tocado a cada persona en este libro de forma milagrosa durante su crisis con el cáncer. Algunas veces Dios quitó el cáncer de sus vidas, otras los quitó a ellos del cáncer; pero siempre, siempre, Dios los tocó con su amor divino y satisfizo sus más grandes anhelos.

Oro para que mientras usted lee estas historias experimente la paz, el poder y la presencia de Dios como nunca antes. Oro para que usted crea que puede confiar en Dios para satisfacer sus necesidades más profundas porque usted puede ver su fidelidad en las vidas de estas personas.

Usted puede creer sus historias porque ellos han estado allí.
Usted puede creerme porque yo estuve allí.
Usted puede creer a Dios porque él promete que *estará* allí.

Todas las historias tienen lo que considero un final "feliz," aunque usted podrá derramar un par de lágrimas mientras las lee. Sé cuán importante es el escuchar historias de esperanza cuando se está enfrentando el cáncer. Algunas personas se me acercaban para contarme historias desagradables sobre su tío que tenía el mismo tipo de cáncer que yo y que se "deterioró" o de su abuela "consumida por el dolor." Odiaba escuchar esas historias, pero al principio traté de ser gentil, de escuchar y de sonreír.

Finalmente, decidí que no lo podía soportar más y cuando alguien empezaba una historia de cáncer, lo interrumpía, sonreía y decía: "¿Tiene esta historia un final feliz? Porque si no es así, no quiero escucharla."

Esa respuesta detenía realmente a la gente y yo no tenía que escuchar más historias de cáncer descorazonadoras. Cada historia en este libro está llena de esperanza, aunque no todas las personas que describo fueron curadas (en esta tierra) de su cáncer. Cada persona descubrió lo que él o ella necesitaba para no ser derrotados por el cáncer. Ninguno de ellos enfrentó un final descorazonador, sino que cada uno encontró esperanza ilimitada.

Intencionalmente, elegí escribir sobre personas que enfrentaron circunstancias extraordinariamente difíciles para que si su experiencia con el cáncer es "menos dura" que la de ellas, usted no dude en que Dios le proporcionará lo que necesita. Si su travesía es tan difícil como la de esas personas . . . entonces, usted no tendrá dudas de que Dios puede darle lo que usted necesita.

Este no es un libro que promete que si usted hace esto o no hace esto otro, sus oraciones serán contestadas en la forma en que usted espera que lo sean. Sé que tales libros existen porque pacientes con cáncer y sus familiares a menudo quieren conversar conmigo cuando determinada fórmula no les funciona.

Este es un libro realista. Es real porque admite que alguna gente es curada del cáncer y otra no. Es real porque reconoce que no hay respuestas fáciles frente a lo injusto de la vida. Es real porque no finge que su fe en Dios mantendrá alejados los tiempos difíciles.

También es real porque muestra a gente real que cree en un Dios real en la vida real, que ha encontrado paz real, esperanza real, fortaleza real y aliento real.

Es real porque muestra lo que puede ocurrir cuando se produce un encuentro entre Dios y el cáncer.

Si usted no quiere ser derrotado por el cáncer —sin importar lo que le haga o lo que le haya hecho a usted o a su ser amado—, este libro es para usted.

Odio el término *víctima del cáncer*. En cierta forma implica que el cáncer es victorioso. El cáncer gana; nosotros perdemos. Esa no ha sido mi experiencia con los pacientes con cáncer. Aunque podemos hacer muy poco para decidir si adquirimos o no el cáncer, podemos hacer mucho para elegir si nos convertimos o no en sus víctimas. No me refiero solamente a si vivimos o morimos. Me refiero a cómo nos afecta el cáncer en lo más profundo de nuestro ser. Creo que el cáncer no puede conquistar nuestro espíritu a menos que elijamos ser sus víctimas.

Cuando me diagnosticaron con cáncer, yo había conocido personalmente a solo dos personas con cáncer. Ahora, como mediadora de pacientes para mi oncólogo —al cuidado de las necesidades emocionales y espirituales de sus pacientes con cáncer y de las personas que velan por ellos—, conozco a cientos, muchos de los cuales considero amigos personales, que se encuentran luchando contra esta terrible enfermedad. (Mientras escribo, acabo de conocer a mi paciente número mil, recientemente diagnosticado con cáncer en nuestro consultorio, la semana pasada.)

He visto en mi propia vida y en la de ellos que nada, incluso conquistar el cáncer, es imposible con Dios. He visto cómo Dios ha tomado la peor tragedia de mi vida y la ha convertido en mi mayor triunfo.

Aunque usted piense que es imposible para Dios convertir su prueba del cáncer en un triunfo, oro para que usted siga leyendo este libro. No es un libro de consejos para pacientes con cáncer y las personas que los atienden. Si usted está como yo lo estaba, ya debe estar recibiendo demasiados consejos de mucha gente bien intencionada.

No me gusta dar consejos a la gente con cáncer, aunque es parte de mi trabajo el ayudarlos. Mi objetivo de cada día es amar a la gente con cáncer y acercarla a Dios, él único que puede verdaderamente suplir sus necesidades. Jamás le sugeriría que Dios va a actuar en su vida exactamente como lo hizo en la mía o en cualquiera de las vidas de otras personas en este libro. Él es demasiado grande para ser limitado de tal forma, pero el actuará en su vida . . . en su perfecto tiempo y forma.

Me gustaría que pudiéramos reunirnos para tomar una taza de café o de té, mientras escucho su historia, oro con usted y dejo que Dios haga el resto. Sin embargo, ya que esta conversación de un solo lado es lo mejor que se puede hacer por el momento, tome su taza de café o de té, lea estas historias y deje que Dios haga el resto.

"Dios, estás cometiendo un error muy grande."

SI USTED ME HUBIERA visto aquella mañana a fines del mes de junio de 1990, hubiera pensado que yo era el vivo retrato de una persona muy saludable. Vestida de amarillo pálido, con mi cabello castaño que me llegaba hasta la cintura y que brillaba en el sol del verano, y con mi sonrisa que rebosaba la profunda felicidad que sentía, estaba segura de que la colonoscopía iba a confirmar solo un diagnóstico de colitis ulcerativa.

Después de todo, solo tenía treinta y seis años de edad, y no fumaba ni bebía. Había sido disciplinada ejercitándome en forma constante por varios años y era fanática de las comidas saludables. Había atribuido la sangre que vi en mis heces de vez en cuando a una hemorroide previa, resultado del embarazo, y de la irregularidad ocasional de mis evacuaciones por algo que había comido.

Sin embargo, cuando el gastroenterólogo se paró al lado de mi camilla en la sala de cirugía ambulatoria con el resultado del procedimiento, tanto mi esposo, Ralph, como yo supimos inmediatamente que algo no estaba bien.

—Encontramos un tumor —dijo simplemente.

Con esas tres palabras, el mundo se me vino abajo. Hubo una pausa que pareció eterna en la que nadie habló y nadie miró a otra persona.

—¿Cree que es cáncer? —solté finalmente.

El doctor asintió con la cabeza y los ojos se le llenaron de lágrimas.

Todavía puedo ver el rostro pálido de Ralph mientras estaba parado al pie de la camilla del hospital. Esta era su peor pesadilla vuelta a revivir. Hacía unos veinte años, cuando Ralph recién se había casado, un médico le había diagnosticado a su primera esposa la enfermedad esclerosis lateral amiotrófica (conocida como la enfermedad de Lou Gehrig), que es incurable.

"¡No!" grité una y otra vez, como si de alguna forma la fuerza de mis palabras pudiera hacer que esa pesadilla no fuera verdad. Sollocé y sollocé, hasta que me hiperventilé. El médico le hizo señas a la enfermera para que me administrara más sedativos intravenosos. Yo pensaba en que las enfermeras irían a sus hogares esa noche y les hablarían a sus familias sobre la paciente que perdió los estribos ese día.

No obstante, en realidad no me importaba lo que ellas pudieran pensar. Después de todo, yo era la que tenía cáncer y llorar era la única forma en que podía expresar mis sentimientos en ese momento: por mí, por nuestras tres hijas y por mi esposo. Aunque, como periodista, las palabras son mi fuerte, no había palabra alguna que pudiera capturar ese momento. Totalmente *agobiada* y *devastada* eran palabras muy suaves. Era como si alguien me hubiera pegado con un ladrillo entre los ojos y yo temiera reaccionar por miedo a que me golpearan de nuevo.

Nunca había pensado en el cáncer. Nadie en mi familia cercana y ninguno de nuestros muchos parientes no tan cercanos había luchado contra esa terrible enfermedad. Algunas de mis amigas parecían estar constantemente preocupadas por la posibilidad de enfermarse de cáncer, incluyendo a una de ellas que me llamaba a menudo para contarme la historia del "bulto del mes."

Sin embargo, yo no. Yo estaba segura de que eso no me iba a pasar a mí. *Las personas que tienen cáncer se ven enfermas, o por lo menos se sienten enfermas, ¿no es así?* Además, después de todo lo que Ralph había sufrido en el pasado, ¿podía una enfermedad tan seria atacar a su otra esposa? La ley de las probabilidades decía que no. ¿No es verdad?

—¿Tiene un cirujano? —me preguntó el gastroenterólogo.

—No —le dije entre dientes. *¿Tiene la gente cirujanos de la misma forma en que tiene peluqueros?*—. No, solo he estado en el hospital cuando tuve a mis hijas.

Él me dijo que haría los arreglos para que yo consultara a un cirujano.

El viaje de media hora en automóvil hasta nuestro hogar fue el más largo y silencioso de nuestros dieciséis años de casados. Mi esposo no podría haber dicho nada que me hiciera sentir mejor, a menos que me hubiera dicho que todo había sido un terrible error y que el diagnóstico estaba equivocado.

Cinco días después, un cirujano me operó; extirpó el tumor y una parte del colon. Me dijeron que si el cáncer había sido descubierto en su etapa inicial, se me consideraría sanada y no requeriría ningún otro tratamiento; pero que si se había extendido a los nódulos linfáticos o más allá, tendría, en el mejor de los casos, 50 por ciento de posibilidades de sobrevivir con ayuda de la quimioterapia y/o de la radiación.

Le rogué a Dios que mi caso fuera la primera posibilidad. En forma interminable le expliqué por qué eso sería mucho mejor.

Tres días después, a las 7:00 de la mañana, el cirujano y el médico interno me trajeron el informe patológico. Me di cuenta por la forma en la que actuaban de que las noticias no eran buenas. Estaban de pie, apoyados en la pared de la sala que estaba al pie de mi cama, tan lejos de mí como podrían estar, pero aún dentro de la misma sala.

"Encontramos cáncer en cinco de los veinte nódulos linfáticos," explicó el cirujano con tono impersonal. "Usted va a necesitar quimioterapia y radiación."

Lloré otra vez, pero nadie se acercó a mí para consolarme.

"¿Conoce a alguien que haya recibido quimioterapia?" me preguntó el médico tratando de buscar palabras para continuar la conversación.

Asentí con la cabeza, recordando a una jovencita de catorce años de edad que había muerto de cáncer a los huesos y a una joven madre que había muerto de un tumor cerebral. Las imágenes de ellas me inundaron la mente. Otra vez me hiperventilé.

Aun así, ninguno de los médicos se acercó a mí, sino que el cirujano llamó a una enfermera para que me ayudara a respirar en una pequeña bolsa de papel. Cómo hubiera querido que por lo menos el médico me hubiera tomado la mano por un instante, o que me hubiera dado unas palmaditas en el hombro y me hubiera dicho que esa no era una sentencia de muerte automática.

"¿Quiere que llame a su esposo?" me preguntó el médico que todavía estaba al pie de mi cama. Asentí con la cabeza entre sollozos, tratando de respirar en la pequeña bolsa de papel.

Sentí un miedo horrible. Necesitaba a Ralph desesperadamente, pero por cualquiera que haya sido la razón, el cirujano no lo llamó. Así que por tres horas estuve acostada en esa sala pensando en cómo me sentiría cuando me pusieran la quimioterapia en forma intravenosa. Tuve una pequeña conversación conmigo misma mientras trataba de controlar el llanto.

Trata de calmarte, le dije mi cabeza a mi corazón. *¿A qué le tienes tanto miedo? ¿A sentir náuseas y a vomitar? Estuviste enferma noche y día durante seis meses las tres veces en que estuviste embarazada. ¿A las ampollas en la boca? Has tenido ampollas en la boca antes. ¿A las agujas? Tú no les tienes miedo. ¿A perder el cabello? Te va a volver a crecer. No seas tan vanidosa*, me decía el cerebro como si fuera algo natural, pero el corazón no lo creía. Lloré más intensamente mientras me acariciaba el cabello que no quería perder.

Sí, eso es a lo que le tengo miedo, admití. *No quiero que mi esposo y mis hijas me vean enferma. No puedo imaginar ver que se me cae el cabello.* No me gustó la vanidad de mis sentimientos, pero así es como me sentí.

Finalmente, a las 10:00 de la mañana llamé a Ralph. Temblaba tanto que mi voz era apenas audible y él me pedía una y otra vez que le repitiera lo que le estaba diciendo.

"Es malo," le dije. "Te necesito ahora mismo."

No pude lograr que mis labios pronunciaran la palabra *quimioterapia*. El temor de enfrentarla era peor para mí que el shock inicial de saber que tenía cáncer.

Ralph llegó muy pronto. Cerca del mediodía el cirujano entró a la sala y me dijo que había tratado de llamar a mi esposo, pero que nadie había contestado el teléfono. "A propósito," agregó él, "¿le mencioné que no se le va a caer el cabello con la quimioterapia?"

Yo no supe si darle un abrazo o una bofetada.

Ya fuera que me quedara calva o no, esta pesadilla no iba a desaparecer. Me consumieron los pensamientos de morir. Casi todas las preguntas personales me hacían llorar, especialmente las que me recordaban a nuestras hijas, que entonces tenían ocho, diez y doce años de edad. *¿Las veré crecer? ¿Cómo se las van a arreglar sin mí?*

Acostada en aquella cama, tuve mucho tiempo para hablar con Dios, quien yo creía que había cometido un gran error en mi vida, y se lo dije bien claro. Yo conocía la promesa de la Biblia en Romanos 8:28 que dice: "Sabemos que Dios hace que todas las cosas cooperen para el bien de los que lo aman y son llamados según el propósito que él tiene para ellos," pero también sabía que esa promesa a veces toma un tiempo para cumplirse y yo no estaba interesada en esperar tanto. Le dije a Dios que yo no quería que hiciera algo bueno de la pesadilla que se estaba desarrollando delante de mis ojos. En cambio, quería que la quitara de mi vida.

"Estás cometiendo un error muy grande," le dije furiosa. "No hay absolutamente nada que tú puedas hacer para compensar por esto, porque es demasiado terrible. Tampoco creas que vas a ayudarme a superar esto de alguna manera para que yo vaya a ministrar a pacientes con cáncer, porque ¡no lo voy a hacer!"

Creo que tal vez él se haya sonreído conmigo como lo hace una madre con un niño rebelde, a la hora de acostarse.

Tres semanas después de la operación, comencé la quimioterapia con el doctor Marc Hirsh, que es oncólogo en la ciudad de Hanover, Pennsylvania. Yo había conocido al doctor Hirsh el verano pasado cuando visitó la iglesia que pastorea mi esposo. Recientemente, nos habíamos contactado de nuevo cuando yo escribí un artículo para el periódico local sobre un nuevo grupo de apoyo para pacientes con cáncer en el hospital. Yo sabía que él era judío mesiánico, es decir, un judío que cree en Jesús (Yeshua) como el Mesías prometido.

Yo quería al doctor Hirsh y a su fe en mi grupo de curación. No tenía idea de que algún día iría a trabajar en su equipo de sanidad . . . pero me estoy adelantando a mi historia.

Nunca había tenido problema con las agujas de las inyecciones, pero las agujas que se usan en la quimioterapia son otro cantar. Las venas se me movían y la enfermera las buscaba con la aguja dentro de mi brazo. Me sentía enferma aun antes de que comenzaran a darme el tratamiento. La combinación de medicamentos que me daban no era tan tóxica como la mayoría de los tratamientos de quimioterapia. Me dijeron que por lo general pasaban semanas antes de que los pacientes sintieran los efectos secundarios.

Sin embargo, eso no fue cierto conmigo.

Me sentí enferma desde el principio, pero el medicamento para las náuseas me daba tanto sueño que yo no podía funcionar, por lo que elegí no tomarlo y sentirme enferma. (Gracias a Dios, ¡ahora hay medicamentos para las náuseas que no causan somnolencia!)

Me salieron ampollas en la boca.
Sentía una fatiga terrible.
No le sentía el gusto a ninguna comida.
Perdí nueve kilos.

Incluso el agua me daba náuseas y el aire de afuera olía tan mal a veces que me tenía que tapar la nariz en cuanto salía de la casa.

Además de todo eso, era alérgica al medicamento principal. Constantemente me destilaba la nariz y los ojos me lloraban muchísimo. (La quimioterapia me dejó cicatrices tan severas en los conductos lacrimales que hasta el día de hoy mi ojo derecho continúa lagrimeando a pesar de las dos operaciones que me hicieron para corregir el problema.)

Las palmas de las manos y las plantas de los pies se me pusieron rojas como el fuego y sentía como si se me estuvieran quemando.

Las coyunturas se me hincharon tanto que apenas podía doblar los dedos y algunos días tenía que caminar apoyándome en el costado de los pies.

Tres veces se me despellejaron los pies.

Experimenté casi todas las secuelas que se pueden experimentar con la quimioterapia. Durante todo ese tiempo, supe que cientos de personas en dieciséis estados de la nación estaban orando por mí. Entonces me pareció lógico, por lo menos para mi emotividad, preguntarle a Dios *por qué* todo eso era tan difícil.

"¿Por qué las cosas no me resultan más fáciles?" clamé. "¿Sería demasiado pedirte que me permitieras sentir normal por solo un par de horas?" No obstante, el cielo guardó silencio.

En aquella época, el tratamiento para el cáncer de colon se realizaba una vez por semana durante un año (con un descanso después de algunas semanas de tratamiento). A los cinco meses de comenzar el tratamiento, yo estaba conduciendo mi automóvil para ir a la oficina de mi oncólogo mientras hablaba con Dios.

"No puedo resistir más esto," le dije. (Pensé que puesto que Dios conocía mis pensamientos, me haría bien expresarlos en voz alta y desahogarme de esa forma.)

"He estado orando y mucha gente ha estado orando para que esto me resulte más fácil, pero cada vez se pone peor. No soy alguien que desista con facilidad, así que seguiré adelante, pero no sé si voy a poder soportar otros siete meses más," dije mientras lágrimas saladas me corrían por las mejillas.

Cuando llegué a la oficina del doctor aquel día, él me examinó las manos y los pies y me dijo: "No creo que pueda soportar mucho más de esto. Vamos a continuar por un mes más. Creo que si la quimioterapia va a dar resultado, ya ha tenido tiempo suficiente para hacerlo. Además, creo que los estudios finalmente mostrarán que seis meses con este tratamiento es suficiente." (Él tuvo razón. El tratamiento regular para el cáncer de colon ahora es de solo seis meses.) Así que continué y terminé la quimioterapia en el mes de febrero de 1991.

Cuando regresé en mayo para mi primera visita después del tratamiento, yo era la única persona en la sala de quimioterapia que no estaba allí para recibir tratamiento aquel día. Sabía que debía sentirme feliz por haber terminado el tratamiento, pero no fue así. Mientras miraba alrededor de la sala a las personas sentadas en los sillones reclinables, conectadas a aparatos con bolsas de soluciones salinas, me sobrecogió la tristeza. Algunas de ellas se veían muy delgadas y enfermas, y otras se veían muy cansadas y con temor. Comencé a llorar.

Quería quitarles el dolor, pero no podía.
Quería darles paz, pero no podía.

Entonces Dios me habló al corazón: "Pero tú conoces a Quien puede hacerlo y les puedes hablar acerca de mí."

"Pero yo solo quiero dejar todo esto en el pasado y continuar con mi vida," argumenté. "Además, no quiero estar todo el tiempo con personas que tienen cáncer. Va a ser deprimente, se van a morir y yo no lo voy a poder soportar. No lo voy a hacer."

Unas semanas después, sin embargo, se me ocurrió una idea que le agradaría a Dios y a mí: comenzaría un grupo de apoyo para pacientes con cáncer y ¡Dios me tendría que dejar vivir porque todas las personas de ese grupo me necesitarían!

Sin embargo, a medida que pasaba tiempo cada día orándole a Dios, él me recordó que no juega el juego llamado "Hagamos un trato." Él quería que yo me involucrara, sin garantías.

Si alguna vez sintió que Dios quería que hiciera algo, pero usted no estaba dispuesto a hacerlo, es probable que sepa que no sintió paz alguna hasta que dijo sí.

Finalmente, como un niño quejumbroso, cedí: "Lo voy a hacer, pero no me va a gustar," le dije, olvidándome en forma temporal que mi preocupación principal era obedecer y que él se haría cargo del resto.

Comencé el grupo de oración y apoyo para pacientes con cáncer en octubre de 1991 con cuatro personas. Mi intención era celebrar una reunión de una hora, una vez al mes. *Eso no será muy deprimente*, pensé.

No obstante, casi inmediatamente pude ver que la gente que venía al grupo necesitaba más apoyo del que estaba recibiendo. No solo eso, sino que me di cuenta de que en realidad yo me sentía *mejor*, y no peor, después de las reuniones. Así que comenzamos a reunirnos dos veces al mes y lo hemos estado haciendo desde entonces. ¿A que no adivina qué comenzó a ser una fuente de gozo en mi vida? El grupo de apoyo. A medida que pasaban los meses, comencé a orar en secreto para dejar mi trabajo y trabajar a tiempo completo como voluntaria con pacientes enfermos de cáncer.

En julio de 1995, en el quinto aniversario de mi operación de cáncer, compartí con nuestra congregación la forma en que Dios me había bendecido a través de mi experiencia con el cáncer: a través de mis amigos en el grupo de apoyo y también de Marc Hirsh y su esposa, Elizabeth, quienes se habían hecho muy buenos amigos y compañeros de oración de mi esposo y míos.

Terminé con esta frase: "Algún día espero dejar mi trabajo y ministrar a tiempo completo, compartiendo la paz y el amor de Dios a los pacientes con cáncer."

Yo sabía que era un deseo poco realista: no había forma de que financieramente yo pudiera dejar mi empleo y dedicarme a trabajar en forma voluntaria, pero en menos de un año, mi oración se hizo realidad cuando Marc nos pidió a Ralph y a mí que nos reuniéramos con él. Nos dijo que había estado orando por algo y que sentía que era el momento adecuado para preguntarnos.

—¿Le gustaría unirse a nuestro personal de la clínica, ministrando a las necesidades espirituales y emocionales de nuestros pacientes con cáncer y de sus familias? —me dijo—. Le pagaré lo mismo que está ganando en su trabajo actual.

Yo traté de sonar muy espiritual.

—Voy a orar sobre esto —le dije.

Sin embargo, Ralph me miró con incredulidad y dijo:

—Has estado orando sobre esto por un año. ¡Di que sí!

Así que, desde el primero de mayo de 1996, tengo un trabajo en el cual escucho las esperanzas y los temores de los pacientes, y oro pidiendo que Dios los sane física, emocional y espiritualmente. Le pido a Dios que bendiga a cada uno de ellos y sé que él lo hará. Yo veo al cáncer —o a cualquier otra enfermedad o prueba— como un pozo muy profundo, pero creo que el amor de Dios es aún mucho más profundo. Lo creo por mi propia experiencia con el cáncer y no a pesar de ella, y la razón por la cual lo creo es que Dios ha transformado esa experiencia de sufrimiento en una bendición para otras personas.

El año anterior a esa nueva oferta de trabajo, yo había estado meditando en el versículo bíblico que se encuentra en Efesios 3:20 que dice que nuestro Dios "puede lograr mucho más de lo que pudiéramos pedir o incluso imaginar mediante su gran poder, que actúa en nosotros."

No tengo duda alguna de que Dios ha hecho mucho más en mi

vida de lo que yo pudiera pedir o imaginar y sé que Dios también lo puede hacer en su vida.

¿Creo que Dios le va a dar a usted un trabajo como intercesor de los pacientes en la clínica de su oncólogo? Probablemente no.

¿Creo que Dios es capaz de hacer algo igual de sorprendente en su vida? Lo creo de todo corazón.

No le puedo decir cómo, cuándo o dónde le traerá Dios una bendición a través de su prueba o sufrimiento, pero le puedo decir por qué, y es porque la Palabra de Dios promete que él lo hará. Romanos 8:28 dice: "Sabemos que Dios hace que todas las cosas cooperen para el bien de quienes lo aman y son llamados según el propósito que él tiene para ellos."

Dios traerá bendición a través de su prueba porque usted es muy importante para Dios y él se lo quiere demostrar. Tal vez él lo bendiga con sanidad física, o lo puede bendecir sanándolo de algunas heridas emocionales profundas. Tal vez lo bendiga espiritualmente con el gozo de conocerlo como nunca antes. O tal vez él bendiga a otras personas a través de usted de formas que ni siquiera puede imaginar.

Ciertamente, mi bendición del cáncer *no* es la que yo buscaba, pero debido a que Dios me conoce y me ama, él sabía cómo bendecirme.

Dios lo conoce y lo ama. Él puede bendecirlo a través de sus pruebas . . . si usted permite que él elija la bendición.

Tenga ánimo: Dios quiere traer bendición mediante su experiencia con el cáncer; todo lo que usted tiene que hacer es dejar que él decida cuál es la bendición.

~*Guy*

Encuentros cercanos
de la clase divina

—¿SABE SU AMIGO QUE NO DEBERÍA ESTAR VIVO?

Todavía me acuerdo del lugar exacto en donde me encontraba parada cuando Marc me hizo esa pregunta acerca de mi amigo Guy, antiguo miembro del grupo de oración y apoyo para pacientes con cáncer y sobreviviente del cáncer de próstata.

Yo no estaba segura de por qué Marc había hecho esa declaración sobre mi amigo, quien era la viva estampa de la salud, estaba vivo y ya no tenía cáncer, pero por cierto que me detuvo de golpe.

—No creo haberlo escuchado decir alguna vez que estaba sorprendido de estar vivo —le respondí medio en broma mientras hablábamos en el pequeño descanso de la escalera justo antes de que Guy tuviera una entrevista médica con Marc.

A continuación, en tono serio, le pregunté:

—Entonces, ¿por qué no debería estar vivo?

A Guy, quien ahora era viudo y tenía un poco más de setenta años de edad, le habían diagnosticado cáncer de próstata casi a fines de 1993; lo habían operado y había recibido radiación y terapia hormonal. Su nivel de PSA (un examen de sangre que puede mostrar la presencia de cáncer de próstata), había sido normal por años. Yo ni siquiera había escuchado los detalles del diagnóstico de Guy, pero pensaba que el cáncer había sido descubierto a tiempo y que el tratamiento había dado resultado. Guy se encontraba en nuestra oficina ese día del mes de junio de 1999 para ver a Marc por una anormalidad no relacionada al cáncer que le había surgido en un examen rutinario de sangre.

—Su cáncer de próstata era fase D —me dijo Marc, quien todavía tenía en sus manos el antiguo expediente médico de Guy.

Bueno, si usted se ha aventurado a entrar en el mundo del cáncer, sabe que la fase en que se encuentra el cáncer en el momento en que se diagnostica es muy importante, y que casi todos los cánceres fase D (que a veces se llama fase IV) son considerados médicamente incurables. (Unos pocos cánceres en esta fase, tales como el de Hodgkin, el cáncer testicular y el de la tiroides, tienen buenas posibilidades de ser curados, y yo personalmente conozco a personas que han sido curadas de cada uno de estos.)

Sin embargo, el cáncer de próstata fase D no estaría en la lista de los cánceres con posibilidades de ser curados médicamente.

No obstante, allí estaba, en blanco y negro, en las notas del cirujano de Guy fechadas el 25 de enero de 1994: "Adenocarcinoma de la próstata moderadamente diferenciado, puntuación Gleason 6, fase D con metástasis de los nódulos linfáticos del lado derecho de la pelvis."

La trascripción posterior de un urólogo confirmaba el caso como una "patología incurable," y en términos usados en la oncología se describía que Guy tenía "una enfermedad con márgenes positivos en los módulos linfáticos que se encuentran a lo largo de la arteria obturadora." En idioma de laicos, no podían extirpar todo el cáncer.

A todos los que estaban involucrados en aquel tiempo en este caso les debe haber parecido claro que el cáncer de Guy era incurable.

A todos excepto a Guy.

"Nunca me enteré de que mi cáncer era incurable," dice Guy insistiendo en que o nunca se lo dijeron, o si lo hicieron, nunca se le quedó en la mente.

"Cuando el doctor Hirsh me dijo que [me habían diagnosticado en 1994] cáncer de próstata fase D . . . Bueno. . . . ¡no lo pude creer!" recuerda él. "Usted sabe Quién me sanó, ¿no es verdad?"

Guy no sabe exactamente cuándo sucedió. No sabe si fue un toque divino instantáneo, o si Dios de alguna forma sobrenatural aumentó el poder sanador de los varios tratamientos médicos que recibió, pero él le da todo el crédito de haber sobrevivido a Dios.

"Aquel día, en la oficina del doctor Hirsh, supe sin ninguna duda que fue Dios el que me sanó, y estoy muy agradecido de estar vivo," dice él.

¡Es obvio que enterarse de que el cáncer que tuvo era incurable varios años *después* de que usted fue declarado sano cambia mucho la forma en que uno reacciona ante esa noticia! (Guy por cierto es la única persona que yo conozco que se sintió *entusiasmado* al saber que su cáncer era fase D.)

Sin embargo, entusiasmo y agradecimiento no fueron los sentimientos que experimentó en diciembre de 1993, cuando le encontraron el cáncer.

En aquella época, el cáncer ya era un intruso que no quería en su vida.

Peg, la esposa que lo había acompañado durante treinta y cuatro años, había muerto de una forma rara e inoperable de cáncer en septiembre de 1991, y su hijo intermedio, Mike, había completado la quimioterapia y la radiación por cáncer testicular en 1992.

Ahora era el turno de Guy.

"No me enojé," recuerda él, "pero me sentí muy vacío y le dije: '¿Por qué, Señor, por qué?'"

Aunque Guy había tenido una fe profunda en Dios por más de veinte años antes de ese diagnóstico, no le resultaba fácil enfrentar el cáncer sin tener a su esposa a su lado.

Fue programado para someterse a una prostactetomía radical a fines de enero de 1994 y Guy recuerda los momentos angustiosos antes de que el cirujano lo operara.

"Antes de ingresar a la sala de operaciones me prepararon y el pastor de Mike vino a verme y me preguntó si podía orar conmigo," relata Guy. "Luego me sacaron de la sala y me llevaron por el pasillo.

"Antes de llegar a la puerta [de la sala de operaciones], dije: '¡Paren!'" recuerda Guy. "El hombre que empujaba la camilla me preguntó: '¿Qué le pasa?,' pero yo le dije de nuevo que se detuviera.

"Elevé la vista, señalé hacia arriba y dije: 'Señor, tú me conoces a mí y yo te conozco a ti; haz tu voluntad en mí,'" recuerda él. "Una vez que dije esas palabras sentí completa paz y le dije al hombre que empujaba la camilla: '¡Vamos!'

"Dejé todo [el pronóstico del cáncer] en las manos de Dios y ya no sentí más temor. Sentí una paz que no puedo describir con palabras."

Yo describiría lo que sucedió en aquel momento como un encuentro cercano de la clase divina.

Cuando Guy se acercó a Dios, hizo una oración sencilla de entrega, dándole al Dueño del universo permiso para hacer lo que quisiera en su vida. Guy hizo lo que yo creo que todos nosotros debemos hacer: simplemente dejar que Dios sea Dios.

> **Deje que él sea en su vida el Dios inquebrantablemente fiel que está dispuesto a fortalecernos en todas las circunstancias.**
> **Deje que él sea el Dios soberano y sabio que sabe cómo y cuándo responder a cada una de nuestras oraciones.**
> **Deje que él sea el Dios omnipotente que es, cuya potestad es suficiente para sanarnos en todo lo que necesitamos ser sanados; suficientemente poderoso para sanar el cuerpo, la mente y el espíritu de mi amigo Guy.**

Aquella oración en camino a la sala de operaciones no fue el primer encuentro cercano que Guy tuvo con Dios —el primero había sucedido hacía muchos años cuando un compañero de trabajo lo desafió para comenzar a vivir para Dios—, pero fue el primero de muchos durante su experiencia con el cáncer.

Otro de esos encuentros sucedió el día que terminó su último tratamiento de radiación, el número treinta y nueve, mientras estaba de rodillas orándole a Dios para que salvara a su hijo menor, Dave, quien estaba enterrado vivo en un silo lleno de piedras en su trabajo. Ese encuentro divino terminó después de ocho horas cuando su hijo fue rescatado para sorpresa de todos, incluso del jefe de la operación de rescate, quien después comentó que Dave "no debería estar vivo."

Cuando decidí incluir la historia de Guy en este libro, sabía que su cuerpo había sido sanado, a pesar de toda la evidencia médica que decía lo contrario, y que su mente había sido sanada de la preocupación y del temor aun cuando tuvo que enfrentar el cáncer sin su amada esposa. Lo que no supe hasta que lo entrevisté es que Dios había usado al grupo de oración y apoyo para sanar su espíritu.

Guy admite que después del diagnóstico de su esposa, estaba enojado. Peg tenía solo sesenta años de edad, y era una mujer muy trabajadora que amaba mucho a su familia y a Dios.

"Durante todo el tiempo que ella recibió la radiación y la quimioterapia, no faltó ni un día a su trabajo," recuerda él. "Ella iba a trabajar a la fábrica de costura y luego iba a su tratamiento. Aun si había estado enferma durante la noche, igual iba a trabajar al día siguiente."

"Yo estaba un poco enojado con Dios porque ella tenía cáncer," dice él. "Cuando ella murió, me sentí muy solo y todavía seguía enojado con Dios por habérsela llevado."

Guy también admite que tiene mucha dificultad en lidiar con las enfermedades y esto se le hizo aún más difícil cuando el cáncer lo afectó personalmente.

"Si alguien me hablaba acerca de las enfermedades, no me gustaba escucharlo y simplemente no me interesaba seguir la conversación," explica Guy. "Especialmente después del cáncer de Peg, yo no quería hablar de eso con nadie. Me sentía muy amargado."

Definitivamente la palabra *amargado* no es un vocablo que las personas de nuestro grupo de apoyo usarían para describir a Guy. Todo lo contrario, él es una de las personas que tienen más gozo en nuestro grupo y siempre podemos contar con él para que nos haga reír en los momentos en que más lo necesitamos.

Muchas veces llega a las reuniones del grupo usando una peluca de color vivo, o lentes extravagantes, por si a alguien se le ha caído el cabello y se siente un poco raro. A veces, él simplemente entra usando su "disfraz," mientras que otras veces se lo pone mientras estamos alrededor de la mesa haciendo las presentaciones. De cualquier forma, él tiene un maravilloso sentido del humor y siempre puede lograr hacernos sonreír.

Cuando tuvo bochornos debido a su terapia de hormonas, en lugar de sentirse avergonzado por su rostro sonrosado y su frente mojada por la transpiración, él usaba esos frecuentes episodios durante nuestras reuniones para hacernos reír mientras lo veíamos reírse y abanicarse como loco. Su franqueza y honestidad alientan tanto a los que recién se han unido a nuestro grupo como a los miembros antiguos.

No obstante, él recuerda cuando era una persona diferente.

"Nunca olvidaré cuando vine aquí [al grupo de apoyo] por primera vez," dice él. "Estaba muerto de miedo.

"Fue la primera vez en mi vida que compartí en cuanto a sentirme herido, estar enfermo o cualquier otra cosa," dice Guy. "Como dije, yo no hablaba sobre eso.

"Sin embargo, ustedes me acostumbraron a hablar," dice él. "Yo hablaba sobre mi esposa y todo lo que sentía, y continuaba hablando y hablando. Nunca pensé que me pudiera sentir tan bien hablando sobre todo eso.

"Antes de tener cáncer, si alguien me hablaba de que estaba enfermo, yo no quería escucharlo," dice Guy. "Ahora tengo más compasión y me gusta escuchar y ver sonreír a la gente y hacerla reír.

"Algo que ya no puedo hacer es caminar por todos lados con la cara larga; el Señor ha quitado eso de mi vida."

Los primeros días después de que me diagnosticaron cáncer, yo me preguntaba si alguna vez iba a volver a reírme. Dos días antes de que me operaran, llevamos a nuestras hijas al cine como algo especial para tratar de quitarnos de la mente lo que teníamos por delante. Las tres se rieron durante una de las películas de *Volver al futuro*, pero yo solo pude secarme las silenciosas lágrimas en la oscuridad de la sala de cine.

Si usted o una persona que ama está todavía en esos primeros días oscuros después del diagnóstico, por favor recuerde que son solo eso.

La Biblia promete que "el llanto podrá durar toda la noche, pero con la mañana llega la alegría" (Salmo 30:5), y eso es lo que sucede con el diagnóstico de una enfermedad que hace peligrar la vida. El dolor, temor y sufrimiento que al principio le dominan la mente y el cuerpo no duran para siempre. Usted sonreirá de nuevo y aun se reirá de nuevo. Las lágrimas no asomarán a sus ojos con tanta facilidad.

Aun si está enfrentando la reaparición del cáncer o un cáncer incurable, yo creo que usted puede encontrar y encontrará gozo a medida que deje que Dios le sane su espíritu herido.

Dese tiempo para absorber todo lo que se ha apilado en su vida y dele tiempo a Dios para hacer algo nuevo y bueno de lo que se ha hecho añicos.

Lo que es más importante, no corra adelantándose a Dios tratando de lidiar con la interminable cantidad de posibilidades negativas que se le pueden presentar a lo largo del camino. Son solo eso: posibilidades.

Nunca olvide que tenemos un Dios a quien le encanta hacer lo improbable y quien se especializa en lo imposible, cosas como curar a Guy de un cáncer incurable, llenándolo de paz cuando la preocupación hubiera sido mucho más fácil y cambiar su corazón amargado por un corazón lleno de gozo.

Recuerdo la primera cosa improbable que Dios arregló para mí dentro de las primeras cuarenta y ocho horas después de que me dieron el diagnóstico de cáncer.

Aquel año yo había estado usando el muy conocido libro devocional titulado *Manantiales en el desierto*, volumen dos, de la Sra. Charles E. Cowman. Le había mencionado a mi esposo que el lenguaje arcaico en que había sido escrito y las situaciones allí descritas parecían no aplicarse a mi vida. No obstante, cuando yo comienzo una cosa, por lo general la termino, así que aquel año continué leyendo ese pequeño libro que tiene lecturas fechadas para cada día del año.

Me diagnosticaron cáncer el martes 26 de junio. (Uno no se olvida con facilidad el día en que el mundo se le vino abajo.) El jueves en la mañana, antes de ir a la cita con el cirujano, me senté a leer mi lectura devocional. Lo hice porque sabía que era lo correcto, y no porque sintiera deseos de hacerlo. Me sentía sola y tenía miedo, y me estaba preguntando si mi vida iba a ser truncada.

Sin embargo, el Dios de lo improbable, y sí, aun de lo imposible, estaba a punto de encontrarse allí conmigo.

El pasaje para el 28 de junio se basaba en el Salmo 23, y hablaba acerca de que "tu bondad y tu amor inagotable" nos seguirán todos los días (los días buenos y los días malos) de nuestra vida porque el Señor es nuestro Pastor y cuida de nosotros que somos sus ovejas.

Entonces llegué a la parte en la cual me encontré con Dios: "Tal vez este pensamiento sea leído por alguien que está siendo probado severamente, ¡casi hasta el límite! ¡Alguien que se está preguntando sobre los mañanas! ¡Dios sabe todo sobre *sus* mañanas y él está pensando por adelantado sobre *usted*! Sí, ¡*por usted*! Dios lo ama. Atesore en su corazón la promesa de gracia que dice: 'Qué preciosos son tus pensamientos acerca de mí, oh Dios.'"[1]

Cuando terminé de leer esos cortos párrafos, yo estaba llorando tan fuerte que casi no podía ver las palabras en la página.

De alguna manera Dios se las había arreglado para usar unas palabras escritas en la primera parte del siglo XX y las había usado para que estuvieran justo en la fecha para sanarme el espíritu en el año 1990.

Dios me dio mi propio manantial en el desierto.

En ese momento supe que Dios tenía lo que yo necesitaba para enfrentar mi prueba y, lo que es más importante, él me lo daría justo en el momento apropiado.

Dios sabe si usted está en el desierto y sabe cómo darle manantiales en medio de dicho desierto.

Sin embargo, esto no sucederá a menos que usted vaya a Dios y *busque* un encuentro con él.

No importa dónde nos encontremos en nuestro camino espiritual, si buscamos a Dios lo vamos a encontrar, y el encuentro que tendremos con él será diferente a cualquier otro encuentro que hayamos experimentado anteriormente.

Al igual que hace miles de años Dios les prometió a los israelitas que volverían de la cautividad en Babilonia, creo que él nos promete que si lo buscamos, no vamos a permanecer en el desierto espiritual. Dios nos promete que lo vamos a encontrar y que él tiene planes divinos para nosotros.

"Pues yo sé los planes que tengo para ustedes —dice el Señor—. Son planes para lo bueno y no para lo malo, para darles un futuro y una esperanza. En esos días, cuando oren, los escucharé. Si me buscan de todo corazón, podrán encontrarme" (Jeremías 29:11-13).

Yo tuve un encuentro con Dios el 28 de junio de 1990 porque por fe fui a él.

Yo *no tenía ganas* de leer ese pequeño libro y de buscar a Dios aquel día. Hubiera preferido sentir lástima por mí misma, porque el desierto me era muy inhóspito y allí hacía demasiado calor, pero si hubiera hecho eso, hubiera perdido el refrigerio que Dios tenía para mí: el manantial de sanidad para mi espíritu cansado y sediento.

Guy tuvo un encuentro con Dios cuando hizo una pausa y puso su confianza en Dios camino a la sala de operaciones, aunque él sentía que no podía lidiar con el cáncer de nuevo.

¿Cómo marcha *su* trayectoria en el desierto? ¿Está buscando a Dios? No le estoy preguntando si ora y si le pide a Dios que le sane el cáncer. Asumo que lo está haciendo.

Estoy hablando de algo mucho más personal y que le puede cambiar la vida. Estoy hablando de:

Ir a la Palabra de Dios y esperar que él se encuentre con usted allí.

Pasar tiempo en la presencia de Dios y gozarse de su amor por usted.

Estar delante de su trono y esperar que lo bendiga.

Ir a Dios y querer la presencia del Señor en su vida más que ninguna otra cosa.

Es en esa clase de momentos que en verdad nos encontramos con Dios y le permitimos que comience su obra sanadora en nosotros, en nuestro cuerpo, mente y espíritu. Cuando dejamos de lado nuestros planes, podemos aprender los planes de Dios. Cuando guardamos silencio, podemos escuchar su suave voz y cuando sacamos la vista de nosotros mismos, podemos ver a Dios con mucha más claridad.

Yo experimenté mi primer encuentro con Dios después de mi diagnóstico cuando leí ese pasaje devocional y supe que las palabras eran un mensaje directo del Todopoderoso para mí. Me sentí como una niñita segura en los brazos de mi amoroso Padre.

Nada había cambiado y, sin embargo, todo había cambiado, porque yo me encontré con Dios y con su toque sanador. Todavía tenía cáncer y todavía tenía que enfrentar una operación. Todavía no entendía todas las cosas y todavía no me gustaban, pero mi alma y mi espíritu estaban en paz.

Me podía identificar con el salmista y decir: "Señor, mi corazón no es orgulloso; mis ojos no son altivos. No me intereso en cuestiones demasiado grandes o impresionantes que no puedo asimilar. En cambio, me he calmado y aquietado, como un niño destetado que ya no llora por la leche de su madre. Sí, tal como un niño destetado es mi alma en mi interior" (Salmo 131:1-2).

Muchos otros encuentros siguieron durante mi lucha con el cáncer a medida que continuaba buscando a Dios y creyendo que él se encontraría conmigo en el lugar en que yo me encontraba en mi camino espiritual.

Mi amigo Guy dice que su fe nunca ha sido tan fuerte como desde que le diagnosticaron cáncer y comenzó a tener encuentros cercanos de la clase divina. Eso es también lo que le ha pasado a cada una de las personas sobre las cuales he escrito en este libro.

Dios tenía muchas clases de sanidad preparadas para Guy; lo sanó del cáncer de próstata fase D, lo sanó del enojo que tenía por el cáncer de su esposa y lo sanó de la amargura que sentía en su corazón, para nombrar unas pocas.

Dios tiene muchas sanidades preparadas para usted.

Espero que busque un encuentro con Dios (en realidad, muchos encuentros), para que reciba las sanidades —la plenitud, las bendiciones— que él anhela darle.

> *Que el Dios de paz los haga santos en todos los aspectos,*
> *y que todo su espíritu, alma y cuerpo se mantenga sin culpa*
> *hasta que nuestro Señor Jesucristo vuelva. Dios hará que*
> *esto suceda, porque aquel que los llama es fiel.*
>
> 1 TESALONICENSES 5:23-24

Tenga ánimo: El maravilloso poder de Dios puede sanarle el cuerpo, la mente y el espíritu.

~Susan

El temor detrás de la sonrisa

TAN PRONTO COMO CONOCÍ a Susan en septiembre de 1996, supe que íbamos a ser buenas amigas.

Ella se parecía mucho a mí cuando me diagnosticaron cáncer: era joven y estaba atemorizada.

La diferencia era que en junio de 1990, yo no conocía a nadie que fuera joven, que tuviera miedo, y que estuviera enfrentando el cáncer y la quimioterapia. Yo no tuve a nadie (en la tierra), por mucho tiempo, que yo sintiera que en realidad entendía lo que yo estaba enfrentando. Mi anhelo era conocer a otra madre joven que hubiera caminado en mis pasos y que pudiera entender mi angustia.

Es por eso que hoy cuando encuentro ciertos pacientes con cáncer, de inmediato sé que vamos a ser buenos amigos, porque yo les puedo dar lo que nadie me dio a mí por largo tiempo: una amiga que recuerda cómo se siente ser joven, estar atemorizada y estar enfrentando el cáncer.

Según algunos criterios, es probable que Susan y yo tuviéramos cierta clase rara de amistad. Nunca almorzamos juntas o fuimos de compras juntas y nunca hicimos la clase de cosas que hacen la mayoría de las amigas. Nunca compartimos ropa ni recetas de comidas, pero compartimos nuestros corazones. Susan en realidad había llegado al límite cuando yo la conocí. Muy pronto después de que nos conocimos, ella misma se internó en el hospital psiquiátrico local debido a una aguda depresión. Mientras ella estaba en su cuarto, totalmente apartada del mundo exterior, no creo que nadie —y por cierto que ni ella misma— esperaba que Dios fuera a usar el cáncer para darle la paz y la seguridad que jamás había experimentado en su vida.

Susan había luchado con la depresión por años antes de descubrir, a la edad de cuarenta y ocho años, que tenía cáncer de colon, y que se le había extendido al pulmón. Yo sé que les debe sonar raro a aquellos de ustedes que a menudo luchan con la depresión, pero yo no creo haberme sentido deprimida en toda mi vida hasta que me dijeron que tenía cáncer. Muchas de mis amistades más íntimas, incluyendo mi esposo, han luchado con esa nube negra que se puede asentar sobre alguien sin ninguna razón aparente y que rehúsa alejarse, pero eso nunca me había sucedido a mí.

Aunque yo nunca había experimentado lo que estaba pasando Susan, me podía imaginar cómo se sentiría para alguien como ella, quien ya estaba luchando con la depresión, que le dijeran que tenía otro motivo para sentirse deprimida: el cáncer.

Esta fue la gota que casi hizo desbordar el vaso, y su esposo, Steve, y yo nos preguntábamos cómo lidiaría ella con la quimioterapia o cualquier otra cosa a lo largo del camino. No conozco todas las cosas en la vida de Susan que la estaban afectando en cuanto a sus luchas emocionales, pero sé que el cáncer no ocupaba el primer lugar en esa lista. Ella había enfrentado cosas mucho peores, incluyendo el que un vecino había abusado sexualmente de ella desde la edad de once años hasta que se casó con Steve a los dieciséis años de edad.

No sé cómo era Susan de adolescente, pero cuando yo la conocí, era una mujer hermosa: alta y delgada, con pómulos altos, cabello largo castaño rojizo y una sonrisa encantadora. Más tarde, Steve me dijo que su sonrisa muchas veces era para disimular el dolor y el enojo que sentía por dentro; había temor real detrás de la sonrisa.

Sin embargo, el diagnóstico de Susan *no* la hizo llegar al límite. En realidad, muy lentamente, a medida que ella se aferraba a las promesas de Dios, comenzó a ganar terreno y a lidiar con cosas que nunca pensó que podría enfrentar. Su esposo, Steve, y ella comenzaron a asistir a las reuniones del grupo de oración y apoyo para pacientes con cáncer, y muy pronto Susan comenzó a alentar a los nuevos pacientes. En la sala de quimioterapia ella era una paciente "regular," puesto que asistía todas las semanas para recibir su tratamiento de dos horas.

No tomó mucho tiempo para que su tierno corazón se hiciera evidente en ese lugar, y muy pronto Susan comenzó a acercarse a los otros pacientes, alentándolos y diciéndoles que ellos también podían enfrentar esa lucha. Más de una vez, algún paciente me habló sobre la mujer en la silla del rincón, que era una persona muy agradable. Un paciente la describió de esta forma: "La mujer bonita, ¿sabe? Que tiene como unos treinta y cinco años de edad." Le dije a ese paciente que ella tenía hijos casi de esa edad y él no lo pudo creer. ¡Susan y yo nos reímos mucho sobre ese comentario!

A estas alturas, Susan y yo orábamos juntas en forma regular, y ella buscaba en la Biblia la fortaleza que necesitaba para enfrentar esta enfermedad que amenaza la vida. Para mí fue obvio que su experiencia con el cáncer se había convertido en una trayectoria espiritual.

Finalmente, en septiembre de 1997, justo un año desde que nos habíamos conocido, su trayectoria dio un giro importante. Recuerdo la conversación telefónica con toda claridad.

Fue un jueves, dos días después de nuestra reunión quincenal del grupo de apoyo. Yo había hecho algo en esa reunión que nunca antes hice —compartí cómo había llegado a conocer a Dios de forma personal cuando cursaba el segundo año de estudios en Ohio State University. Compartí con el grupo cómo descubrí que tener fe no era ser religioso sino que era tener una relación con Dios. Les había dicho que ese descubrimiento me había cambiado la vida para siempre, y que ahora tenía vida eterna. Les dije que con mucho gusto hablaría con cualquier persona que estuviera interesada en eso.

Así que cuando Susan me llamó, yo sabía por qué me estaba llamando.

—Quiero hablar más contigo acerca de lo que dijiste la otra noche

—me dijo con un poco de vacilación—. Siempre he creído en Dios, pero no creo tener una relación personal con él.

—Eso es cierto para mucha gente —le aseguré—. Tienen conocimiento intelectual, pero no lo conocen en su corazón. Saben acerca de Dios, pero no lo conocen personalmente. Es algo parecido a saber sobre una persona famosa porque has escuchado sobre ella y crees que existe, pero ese conocimiento no transforma tu vida de ninguna forma.

—Una vez fui a ver a una consejera —me dijo Susan—, y ella me dijo que yo era una persona buena y que no había hecho muchas cosas malas y que iría al cielo. ¿Es verdad eso?

Puesto que no tengo ningún título de consejera y no quiero sugerir que mis opiniones sean mejores que las de otras personas, le respondí con una de mis preguntas favoritas:

—¿Quieres saber lo que dice la Biblia?

Le formulé esa pregunta porque creo que hay cosas que son absolutamente verdad y no porque yo lo diga o porque usted lo diga, sino porque Dios lo dice. Así que compartí con ella lo que dice la Biblia, la Palabra de Dios, en cuanto a cómo llegar al cielo:

No podemos ganar el cielo haciendo buenas obras.
Jesús pagó el precio por nuestros pecados.
Él es el único camino para tener paz con Dios.

—Lo que verdaderamente quiero es tener paz con Dios, conocerlo personalmente —me dijo Susan. Me di cuenta por la urgencia que denotaba su voz que ella hablaba con toda seriedad.

—¿Qué es lo que tengo que hacer? —me preguntó.

—Solo tienes que orar —le dije.

—¿Puedo hacerlo yo misma o tiene que haber otra persona aquí conmigo?

—No necesitas a nadie más, solo tú y Jesús —le respondí.

Entonces hubo un largo silencio al otro lado de la línea telefónica y sentí que ella tenía cierta vacilación, pero yo no estaba segura de qué era.

—Si quieres, podemos orar juntas ahora por teléfono —le dije finalmente.

Ella asintió de inmediato. Bueno, debo decirles que he orado con muchas personas para que pongan su fe en el Señor, pero siempre ha sido cara a cara, nunca por teléfono. Me sentí un poco rara y realmente hubiera querido extender mi mano y tomar la de ella, y ver las lágrimas que sabía que estaban rodando por su bello rostro, pero lo que hice fue sostener el auricular con un poco más de fuerza, cerrar los ojos y guiarla en una simple oración en la que ella le entregó su vida a Dios.

Cuando terminamos, le dije que los ángeles en el cielo se estaban regocijando y que yo también me regocijaba.

—¿Puedo ir a la iglesia contigo el domingo? —me preguntó.

—Por supuesto que sí y nos sentaremos juntas —le respondí, deseando que pudiera ver las lágrimas que me corrían por las mejillas.

¿Desaparecieron todos los problemas de Susan con esa simple oración? No. Sin embargo, sí desapareció el más grande de todos. Ella sabía adónde iba a pasar la eternidad, y cuatro días más tarde, cuando le dijeron que el cáncer había vuelto, ella supo que el Señor iba a ser su Pastor y que caminaría con ella por el valle que tenía por delante.

Muy poco después, Susan comenzó otro tratamiento de quimioterapia y los tumores se achicaron por un tiempo. Como resultado de eso, ella vivió más de un año. En la última reunión del grupo de apoyo a la que asistió, Susan alentó en forma maravillosa a otro miembro llamado Jack, quien acababa de descubrir que el cáncer que tenía era incurable (ver el capítulo 7).

Me asombré mientras observaba a Susan aquella noche.

¿Podía ser ella la misma Susan que casi había llegado a su límite hacía dos años? ¿Era esta la misma Susan que había estado tan deprimida *antes* de tener cáncer que no tenía esperanzas en la vida?

Exteriormente se veía igual (aun con la peluca), pero interiormente era muy diferente. Esta nueva Susan con toda calma le dijo a Jack que el cáncer que ella tenía era incurable y que no parecía que Dios iba a responder a su oración pidiendo sanidad.

"No obstante, he estado pensado, y Dios realmente ha contestado muchas de mis otras oraciones," continuó y los ojos de todos los presentes estaban fijos en ella, mientras enumeraba esas oraciones.

Oraciones para llegar a cumplir cincuenta años de edad.

Oraciones para ver terminada la casa de su hijo mayor.

Oraciones para realizar un viaje a Tennessee, con el que había estado soñando durante mucho tiempo.

Oraciones para ver casada a su única hija.

Oraciones para sostener en sus brazos a su nieto recién nacido.

"Dios ha respondido a cada una de esas oraciones, aunque yo pensaba que ninguna de esas cosas iba a suceder," explicó ella, secándose una pequeña lágrima del costado del ojo mientras todavía mantenía la serenidad.

Al otro lado de la mesa, yo podía ver a Jack y a su esposa, Jeannette, y sabía que las palabras de Susan estaban arrojando luz a sus propias luchas con las oraciones sin respuesta. Me sentí muy orgullosa de ella y de lo que hizo aquella noche, alentándolos realmente de una forma en que yo no lo podía hacer. Más tarde ellos también se detuvieron a pensar y a contar todas las oraciones que el Señor les había respondido.

Susan estaba muy animada en aquella última reunión del grupo de apoyo y quiso compartir una nota que había recibido en el correo ese mismo día, de una persona que no conocía. La mujer se había enterado por un pariente acerca de las luchas de Susan relacionadas con su salud y quería decirle a Susan que estaba orando por ella. (Cuando un desconocido envía una tarjeta para decir que está pensando y orando por usted, es una enorme bendición. Eso es algo que me gusta hacer ahora por personas que nunca voy a llegar a conocer, porque sé la forma en que me bendijo a mí.)

Dentro de la nota que le enviaron a Susan había una pequeña tarjeta de oración con la foto de un faro blanco y majestuoso. Tan pronto como lo vio, Susan dijo que comenzó a llorar. A ella le encantaban los faros, pero por supuesto, la persona desconocida que le envió la nota no podía saberlo.

"Creo que Dios le dijo que me enviara esa tarjeta," le dijo Susan a nuestro grupo y todos asentimos con la cabeza.

Más tarde, Susan llamó a la mujer desconocida y le contó que le encantaban los faros.

"¿Sabe?" le dijo la mujer. "Yo había elegido una tarjeta diferente para usted y estaba orando cuando sentí que Dios me decía que eligiera la del faro."

Cada vez que veo un faro, todavía pienso en Susan y en la forma en que Dios le envió un mensaje personal, de una persona desconocida, aquel día. También eso me recuerda cómo esa hermosa mujer, que casi perdió su luz por la oscuridad de la depresión, llegó a ser una luz para otras almas abrumadas.

"El tratamiento de quimioterapia no solo cambió la vida de Susan desde el primer día, sino que también me cambió la vida a mí," su esposo, Steve, me escribió más tarde. "No hay palabras para describir lo que [usted] hizo por ella durante los dos últimos años de la vida de mi esposa, antes de que ella se fuera para encontrarse con Jesús."

Aprecio las palabras amables de Steve, pero la forma en que yo veo esto es que no hay palabras para describir lo que *Dios* hizo por su esposa, durante los dos últimos años de la vida de ella. Yo sé que ella sintió el amor incondicional de Dios de una forma en que nunca lo había experimentado antes, y que descubrió una seguridad y una paz en él que no pensó que fuera posible.

Antes de que yo conociera a Susan, ella sentía que había recibido de la vida más de lo que podía manejar. A pesar de tener un esposo fiel y cuatro hijos que la amaban, la vida era definitivamente abrumadora para ella. Una de las cosas que la confundía era una declaración popular que escuchaba decir a menudo a la gente. Tal vez la gente se lo haya dicho a usted; tal vez usted mismo lo ha dicho:

Dios no le da más de lo que usted puede manejar.

¿Le suena familiar? La he escuchado muchas veces, especialmente de labios de pacientes con cáncer y de sus familiares que sienten que tienen más de lo que pueden manejar. Por lo regular dicen algo como lo siguiente: "Bueno, sé que Dios no nos da más de lo que podemos manejar, pero . . ." Mucha gente tiene la noción errada de que hay un versículo bíblico que dice eso.

Sin embargo, no lo hay.

Lo más cerca que puedo encontrar es 1 Corintios 10:13, que dice: "Las tentaciones que enfrentan en su vida no son distintas de las que otros atraviesan. Y Dios es fiel; no permitirá que la tentación sea mayor de lo que puedan soportar. Cuando sean tentados, él les mostrará una salida, para que puedan resistir."

Yo creo que cuando somos tentados a pecar, *siempre* hay una elección para no pecar, y que ceder al pecado no es la única alternativa. Dios siempre provee una salida para poder resistir la tentación. La Biblia también nos dice que las tentaciones jamás vienen de Dios.

Sin embargo, también creo que a veces las pruebas que nos llegan en la vida *son* más de lo que podemos soportar por nosotros mismos y el cáncer a menudo es una de ellas. Yo le creí a Susan cuando dijo que sus dificultades eran más de lo que ella podía manejar. Me considero una persona fuerte, pero enfrentar el cáncer y el hecho de que la posibilidad de morir era más grande que la posibilidad de sobrevivir me hizo sentir muy débil.

—Esto es más de lo que puedo manejar —recuerdo que le dije a Dios, tratando de no sonar demasiado quejumbrosa.

—Lo sé —me respondió él—, pero no es demasiado para mí.

Esa fue una de las cosas más liberadoras que aprendí durante toda mi experiencia con el cáncer. Estaba bien que a veces tuviera más cosas de lo que podía soportar. Esos eran los momentos cuando veía que el versículo bíblico que se encuentra en Filipenses 4:13 se hacía realidad en mi vida: "Todo lo puedo hacer por medio de Cristo, quien me da las fuerzas."

Yo no tenía que buscar dentro de mí misma y tratar de sacar algún tipo de superfuerza. En forma sobrenatural, Dios me la suministraba cuando yo ponía mi confianza en él.

¡Qué alivio!
Aun cuando mis propios recursos estuvieran agotados,
los de Dios jamás se acabarían.
Mis fuerzas podían estar debilitadas, pero Dios todavía
podía mover montañas.
Todo podía estar cambiando a mi alrededor, pero Dios
era siempre mi Roca.

Durante esos primeros días oscuros después de que me diagnosticaron el cáncer, a menudo pensé en el pastorcito David, cuando peleó contra el gigante Goliat. ¿Sabe usted cuál fue su grito de batalla? Él no fue como "El pequeño tren" del cuento que repetía a medida que traqueteaba: "Creo que puedo, creo que puedo."

No, yo creo que él estaba pensado: "Sé que no puedo; sé que no puedo." Él era el hijo menor y el más pequeño de su familia. Goliat medía casi tres metros de estatura, pero el grito de batalla de David fue: "Sé que Dios puede; sé que Dios puede." Si usted lee 1 Samuel 17:47, encontrará sus palabras exactas: "Esta es la batalla del Señor." Esa frase aparece muchas veces a través del Antiguo Testamento y eso es lo que yo me dije a mí misma muchas mañanas al despertar, después del diagnóstico de cáncer.

"Me siento como una pastorcita con una honda en la mano, enfrentando a un gigante llamado Cáncer, y es más de lo que puedo manejar," le decía al Señor, "pero también estoy contenta de que no es más de lo que tú puedes manejar. La batalla te pertenece a ti, Señor. Pelea por mí y a través de mí. Haz lo que yo no puedo hacer por mí misma."

Y Dios lo hizo.

Así como lo hizo por Susan y por todas las personas de las que comparto en este libro. A veces usted recibe más de lo que puede manejar por sus propias fuerzas. Está bien. Lo que le ha sucedido a usted no ha sorprendido a Dios ni lo ha tomado desprevenido. Él está preparado para la batalla y lo proveerá de todo lo que usted necesite para *no* convertirse en una víctima de ese gigante llamado Cáncer, sino para lograr la victoria sobre él.

Tenga ánimo: Aunque a veces se nos da más de lo que podemos manejar, nunca se nos dará más de lo que Dios puede manejar.

~Lynn y Jane

Cuando Dios hizo
la maniobra de Heimlich

SI ALGUNA VEZ HA ESTADO con niños por algún tiempo, es probable que los haya escuchado decir: "¡Eso no es justo!" Mis propias hijas lo han dicho *millones* de veces —durante los difíciles años de la adolescencia lo decían casi todos los días—, pero para ser honestos, no creo que sean solo los niños los que quieren que las cosas sean justas. Creo que es parte de la naturaleza humana anhelar que las cosas sean justas . . . y eso puede hacer que el diagnóstico de cáncer sea especialmente difícil.

Tal vez sienta que es injusto que usted o su ser querido tenga cáncer porque es demasiado joven, o porque usted ha cuidado su cuerpo muy bien, o porque casi no ha estado enfermo un solo día en su vida, o porque ha tenido que enfrentar el cáncer en otro pariente, o porque ya tiene demasiados problemas.

Yo realmente creí —y todavía creo— que mi diagnóstico de cáncer de colon fue *muy* injusto. Mis buenos hábitos de alimenticio y ejercicio, mi juventud y mi estilo de vida saludable debían haber prevenido el cáncer, pero no lo hicieron. Cada uno de los doctores que visité sacudió la cabeza y me dijo que yo había hecho todo lo correcto para *no* tener cáncer.

No sé si alguna vez lo dije en voz alta, pero sí lo pensé muchas veces: *NO es justo.*

Así también se sintió Lynn Myers cuando le diagnosticaron, a la edad de cuarenta y ocho años, cáncer de pulmón. Él no había fumado ni un solo día en toda su vida, hacía ejercicio casi todos los días y no había historial de cáncer en su familia. Los médicos estaban bastantes sorprendidos por el diagnóstico. Sus dos hijos adolescentes estaban conmocionados y Jane, su esposa, estaba enojada.

Todo el mundo estaba de acuerdo en que era injusto.

Lo que nadie se dio cuenta en ese tiempo fue que la familia de Lynn estaba a punto de aprender, por experiencia propia, el significado de no confundir la vida con Dios.

"No parecía justo recibir el diagnóstico de cáncer al pulmón porque él no era fumador," dice Jane. "Fue un diagnóstico que nunca pensé que fuéramos a recibir y yo estaba muy enojada.

"Le hicieron el diagnóstico en la época de Navidad y eso parecía aún más duro," recuerda ella.

(Me imagino que hay un feriado que usted asocia con su diagnóstico de cáncer, o con el diagnóstico de un ser querido. A mí me operaron el día 2 de julio y finalmente salí del sopor de la anestesia dos días más tarde [el día en que se celebra la independencia de Estados Unidos], escuchando los fuegos artificiales en la distancia y deseando poder ver a mis hijas agitando sus pequeñas bengalas en nuestro camino de entrada.)

El tiempo del diagnóstico en la vida de la familia de Lynn también parecía muy injusto. Estaban muy cerca del tan esperado "nido vacío," porque su hijo mayor estaba en el último año de universidad y su hijo menor cursaba el último año de secundaria. En el próximo año celebrarían dos graduaciones y su vigésimo quinto aniversario de matrimonio.

"Ese debería haber sido el tiempo en que nuestros hijos se iban del hogar y nosotros iniciábamos la segunda etapa de nuestro matrimonio," dice Jane. "Lynn anhelaba jubilarse dentro de los próximos ocho a diez años y dedicar su vida a alguno de sus otros intereses.

"Sé que ningún tiempo es bueno para recibir un diagnóstico de cáncer, pero todavía parecía un tiempo muy malo para recibir esa noticia," agrega ella.

Conocí a Jane y a Lynn en febrero de 1999, cuando él vino a nuestra oficina para su primer tratamiento de quimioterapia. Nos conocíamos de vista porque ambos teníamos hijos en la misma escuela cursando los mismos grados y teníamos varios amigos mutuos en nuestra comunidad. La primera impresión que tuve de ellos fue que Jane estaba muy enojada y que Lynn era una persona muy fuerte.

Jane dice que yo estaba en lo cierto con respecto a ambas cosas. Lynn era definitivamente la persona fuerte en su relación: fuerte física, emocional y psicológicamente. Todos los días levantaba pesas en el gimnasio que tenía en su casa, a menudo corría unos cinco kilómetros por la ciudad y practicaba artes marciales dos o tres veces por semana. Le gustaban mucho los ejercicios de relajación y la meditación, y era una de las pocas personas que podía controlar su presión sanguínea y su pulso por medio de ejercicios respiratorios.

No obstante, ser fuerte, disciplinado y tener dominio propio puede tener también sus desventajas, como descubrió Lynn. Él creía en Dios, asistía a la iglesia con regularidad, pero confiaba demasiado en sí mismo. Aparte de unas pocas veces en que sintió temor cuando era un joven infante de marina en Vietnam, en realidad nunca había buscado o experimentado el poder y la presencia de Dios en su vida.

Recuerdo cuando finalmente Lynn experimentó ese poder y lo emocionado que estaba. Fue el 10 de junio de 1999 y me llamó temprano esa mañana por teléfono al trabajo, obviamente muy emocionado.

"Tengo que decirle lo que Dios hizo por mí anoche," me dijo mientras expresaba sus palabras con rapidez, lo cual era algo totalmente fuera de carácter para él.

Me sorprendió bastante escucharlo hablar de esa forma. En primer lugar, Jane era la persona que "hablaba" en la familia y por lo general la que me llamaba. En segundo lugar, Lynn era el recio y nunca hablaba sobre lo que otros hacían por él.

Sin embargo, esa mañana las cosas fueron diferentes.

—No me sentí para nada bien ayer en la tarde —me dijo—. No podía respirar y tuve que sentarme en el sillón reclinable con el aire acondicionado y con un ventilador frente a mí, para poder recibir suficiente aire. Me sentía tan débil que ni siquiera pude agacharme para ponerme las medias. Sentía que el aire no llegaba a mis pulmones y tuve mucho temor, no de morirme sino de asfixiarme.

¿Por qué no fue a la sala de emergencia, o mejor aún, por qué no llamó una ambulancia? pensé mientras escuchaba la descripción de su lucha por respirar. Entonces recordé: *Lynn es un hombre fuerte, tiene dominio propio y es disciplinado. No le gusta depender de otras personas para sus necesidades personales. Le gusta cuidarse a sí mismo y también a los demás. Reconocer su debilidad y solicitar ayuda simplemente no es su estilo.*

—Entonces, ¿qué es lo que hizo? —le pregunté.

Lynn me dijo que había comenzado a orar a eso de la una y media de la madrugada.

Aunque es cierto que este hombre creyente había orado antes en su vida, esa oración fue diferente.

Fue la oración de un hombre cuya *única* esperanza era orar.

"Comencé diciéndole a Dios que no podía soportar esta situación solo y que necesitaba ayuda, y le pedí que hiciera algo por mí," dijo Lynn.

En ese momento él no lo sabía, pero Jane también estaba despierta y oraba la misma oración a Dios, con todo su corazón, en ese preciso momento.

En unos pocos instantes, Lynn tosió fuerte y luego tosió de nuevo.

"De pronto, pude respirar con facilidad," me dijo. Se recostó en la cama y durmió tranquilamente el resto de la noche.

"¡Sentí que Dios se había acercado a mí y me había hecho la maniobra de Heimlich!" me dijo por teléfono. "Nunca experimenté nada como eso. Sé que fue Dios el que hizo eso por mí. ¡Fue algo maravilloso!"

Le dije que nunca antes había escuchado que Dios empleara la maniobra de Heimlich con alguien, pero puesto que Dios es el Médico por excelencia, ¡estaba segura de que él sabía hacerla!

Cuando colgué el auricular después de esa conversación, casi no podía creer la forma maravillosa en que Dios puede hablarnos y nos habla en los momentos en que más lo necesitamos. Yo sabía que Lynn nunca sería el mismo después de esa tos.

A medida que pasaban los meses y que la enfermedad se las

arreglaba para estar un paso más adelante de la quimioterapia, Lynn se debilitó mucho físicamente, pero en lo espiritual, nunca había estado más fuerte. Parecía que mientras que el cáncer lo drenaba, había más lugar en él para Dios.

Una vez, cerca del final de la vida de Lynn, Jane compartió conmigo acerca de lo mucho que ambos se habían acercado espiritualmente desde el diagnóstico, aun cuando las fervientes oraciones *no* estaban siendo contestadas de la forma en que ellos habían esperado. Ella me había escuchado muchas veces decirles a las personas del grupo de apoyo que no tuvieran miedo de lo que tenían por delante, porque Dios les iba a dar lo que necesitaban, justo en el momento en que lo necesitaran.

"Usted siempre dijo que eso podía suceder, pero yo no me podía imaginar que fuera algo que experimentaríamos nosotros," me dijo ella.

Tal vez no puede imaginar que le pudiera suceder a usted o a su ser querido.

No se puede imaginar que puede ser fuerte cuando se siente débil.
Que puede tener paz cuando está totalmente desconcertado.
Que puede sentir un gozo apacible aun cuando se siente triste.
Que puede experimentar la fidelidad de Dios en medio de las injusticias de la vida.

No tiene que creer todo lo que yo digo, o aun lo que dice Jane, pero espero que crea todo lo que dice Dios. En su Palabra, muchas veces Dios nos promete que podemos sentir su presencia sobrenatural en medio de nuestras pruebas. En especial me encanta lo que dice Isaías 43:1-2:

No tengas miedo, porque he pagado tu rescate; te he llamado por tu nombre; eres mío. Cuando pases por aguas profundas, yo estaré contigo. Cuando pases por ríos de dificultad, no te ahogarás.

Jane y Lynn pasaron por aguas profundas —probablemente algunas de las aguas más profundas imaginables—, pero la corriente no los cubrió. En cambio, Dios los llevó a través de las aguas y todo el tiempo sintieron su presencia consoladora.

"En el camino por el cual anduvimos, no sentimos temor," dice Jane. "Realmente no puedo decir que hubo un tiempo en el cual Lynn sintiera temor, porque él sabía y sentía que Dios estaba allí."

Dios estuvo allí de forma especial durante el tiempo en que la vida les parecía injusta a ellos y les fue fiel.

Yo no sé lo profundas que son sus aguas; tal vez solo le llegan a los tobillos, pero usted siente mucho temor porque nunca aprendió a nadar. Tal vez le lleguen a la cintura y siguen subiendo con rapidez. O puede que hunda la cabeza en el agua y luego la saque, buscando algo que lo ayude a mantenerse a flote.

Tal vez esté clamando con el salmista:

Sálvame oh Dios, porque las aguas de la inundación me llegan al cuello. Me hundo cada vez más en el fango; no encuentro dónde apoyar mis pies. Estoy en aguas profundas, y el torrente me cubre. Estoy agotado de tanto gritar por ayuda; tengo la garganta reseca. Mis ojos están hinchados de tanto llorar, a la espera de la ayuda de mi Dios. SALMO 69:1-3

No importa cuál es el "nivel de sus aguas," o si es un "buen nadador" o no, creo que necesita aprender la misma lección que aprendieron Lynn y Jane en cuanto a si algo es justo o no: No confunda a la vida con Dios.

Yo debería haber aprendido esa lección hace mucho tiempo. Después de todo, era una de las frases favoritas de mis padres: "La vida no es justa."

La escuché muchísimas veces y siempre odié que me la dijeran. Nadie que está siendo tratado injustamente la quiere escuchar, porque trata de darle una respuesta lógica a una emoción del corazón, pero cuando ya era adulta, leí algo en un libro del autor Philip Yancey que llevó un paso más adelante esa verdad de mi niñez y cambió para siempre la forma en que yo consideré lo justo de la vida.

En el libro de Philip Yancey titulado *Desilusión con Dios*, él escribe acerca de un hombre llamado Douglas a quien entrevistó porque pensó que podría estar muy desilusionado con Dios. La vida, tal como la describe este autor, había sido muy injusta con Douglas. Mientras su esposa luchaba con cáncer de mama metastático, Douglas tuvo un accidente automovilístico por un conductor ebrio y sufrió una herida terrible en la cabeza que lo dejó discapacitado en forma permanente, con frecuentes dolores, e imposibilitado para trabajar a tiempo completo.

No obstante, cuando Yancey le pidió a esa víctima de la injusticia que describiera su desilusión con Dios, Douglas le dijo que no estaba desilusionado y en cambio compartió con él lo siguiente:

"He aprendido a mirar más allá de la realidad física en este mundo y miro la realidad espiritual. Tendemos a pensar: 'La vida debería ser justa, porque Dios es justo.' Sin embargo, Dios no es la vida. Si confundo a Dios con la realidad física de la vida —por ejemplo, esperando tener buena salud constantemente—, entonces me pongo en la posición de la desilusión devastadora.

"Si desarrollamos una relación con Dios *aparte* de las circunstancias de nuestra vida," dijo Douglas, "entonces tal vez podamos mantenernos firmes cuando la realidad física se debilita. Podemos aprender a confiar en Dios a pesar de todas las injusticias de la vida."[1]

El cáncer es muy injusto. Aun si usted "hizo" algo para que le "diera" cáncer o no hizo algo para que *no* le diera, todavía sigue siendo injusto. Tal vez usted sea un fumador a quien le diagnosticaron cáncer de pulmón; todavía es injusto, porque solo alrededor de 20 por ciento de los fumadores desarrollan cáncer de pulmón, mientras que 80 por ciento no. Tal vez usted dejó de fumar hace veinte o treinta años y ahora tiene cáncer. No es muy justo.

Tal vez usted no se hizo mamogramas en forma regular, o exámenes para ver si tiene cáncer cervical, o exámenes para saber si tiene cáncer de próstata, y ahora tiene cáncer. ¿Sabe qué? Todavía es injusto, porque mucha gente no se hace esos exámenes y no tiene cáncer. Además, ¡algunas personas se hacen esos exámenes con regularidad y el cáncer no es descubierto! Eso parece aún más injusto.

¡Adelante, dígalo!
No es justo que yo tenga cáncer.
No es justo que la persona que amo tenga cáncer.
No es justo que esto nos esté sucediendo ahora.
Dígalo, pero no se confunda con el pensamiento de que
la vida debería ser justa porque Dios es justo.
La vida no es justa, pero Dios no es la vida.

Por supuesto que Dios es mucho más grande que la vida y lo que él está haciendo en nuestra vida la cambiará completamente y finalmente trascenderá la vida misma.

Jane y Lynn vieron y sintieron eso muchas veces durante su trayectoria "injusta." Jane dice que Dios les dio una fuerza emocional que no solo sintieron, sino que otras personas también vieron en ellos.

"Era interesante escuchar los comentarios de la gente que no podía creer la forma en que estábamos manejando las cosas," dice Jane. "Yo les decía: 'No era algo en nosotros, era Dios que se manifestaba a través de nosotros.'"

Dios también les dio una forma de entender la vida que no habían experimentado antes.

"Nos dimos cuenta de que la vida también había sido injusta con otras personas," dice Jane.

Esa revelación les llegó mayormente después de que se convirtieron en miembros regulares del grupo de oración y apoyo para personas con cáncer.

"Nos dimos cuenta de que no éramos los únicos que habíamos recibido esa injusticia," dice Jane recordando a las personas fantásticas que conocieron en ese grupo de apoyo. "En realidad, casi siempre parecía haber allí alguien que estaba peor que nosotros."

Creo que los grupos de apoyo pueden ayudarnos a superar los tiempos en que sentimos lástima de nosotros mismos, a medida que nos mantenemos en contacto con otras personas que han recibido noticias injustas y que tienen futuros inciertos. En nuestro pequeño grupo de apoyo, he visto muchos ejemplos de injusticias a través de los años.

Conocí a Peggy y a Nick, quienes se casaron luego de perder a sus respectivos cónyuges, para enterarse un mes después de la boda de que a Peggy le diagnosticaron mieloma múltiple.

Asimismo, Michelle y Jamie, de poco más de veinte años de edad, quienes, seis meses después de casarse, descubrieron que Michelle tenía la enfermedad de Hodgkin, y más tarde supieron que un transplante de médula ósea dejaría a Michelle incapacitada para tener hijos.

Doris, a quien después de decirle que su cáncer de linfoma de células de manto estaba en remisión, le diagnosticaron otra forma rara de cáncer: leiomiosarcoma.

Steve, a quien le diagnosticaron cáncer de próstata cuando tenía solo cuarenta y dos años de edad, y quien ya había tenido dos recurrencias más para cuando cumplió cuarenta y cinco años.

Ron, cuya madre y hermano murieron de cáncer mientras él estaba luchando con cáncer de colon.

Cada uno de ellos tuvo que aprender a distinguir entre lo que les estaba dando la vida y lo que Dios estaba haciendo *en* ellos.

"Nosotros éramos personas muy controladoras," dice Jane. "Realmente tuvimos que aprender en cuanto a dejar todas las cosas en las manos de Dios para que él obrara."

Dejar todo lo que queremos y deseamos y permitir que Dios obre a su manera es una lucha de toda la vida para todos nosotros. Una vez observé a Lynn luchar con esto en la unidad de cuidados intensivos del hospital mientras conversábamos. Fue la única vez que lo vi llorar a través de su sufrimiento con el cáncer.

—Lo único que quiero es trabajar y cuidar de mi familia —me dijo Lynn con sus ojos color canela llenos de lágrimas—. Eso no parece pedir demasiado, ¿no es verdad?

—No, no parece demasiado —le respondí mientras a mí también se me llenaban los ojos de lágrimas—. No entiendo lo que Dios está haciendo, o aún no está haciendo, en su vida —le dije—. Lo único que sé es que camino por fe y no por lo que veo. Lo que vemos no tiene sentido, pero no podemos ver todo. Solo Dios puede hacerlo. Confío en que él será fiel en esta vida y que todas las cosas serán justas en la vida venidera.

Lynn asintió y oramos pidiendo que él pudiera sentir en su corazón lo que sabía en su cabeza.

Después de aquella conversación y oración, Lynn nunca pudo volver a su trabajo de dibujante en la fábrica de papel local. Tampoco pudo volver a cuidar de su familia de la forma en que él quería hacerlo, pero su esposa me dijo que en esas últimas semanas juntos desarrollaron una intimidad espiritual como nunca antes habían experimentado.

"El tiempo que tuve con Lynn al final fue muy especial," recuerda ella. "Leíamos juntos las Escrituras y compartíamos. A veces yo me sentaba en la cama y le leía. Yo no sé mucho de la Biblia, pero siempre me sentía guiada al lugar exacto para que Dios nos hablara."

Ella encontró versículos tales como Filipenses 4:11: "He aprendido a estar contento con lo que tengo."

Romanos 8:18: "Sin embargo, lo que ahora sufrimos no es nada comparado con la gloria que él nos revelará más adelante."

2 Timoteo 1:12: "Sé en quién he puesto mi confianza."

Jane pidió que leyeran la siguiente cita del autor Philip Yancey en el funeral de Lynn, porque los había alentado mucho cuando la leían juntos:

Cada vez que un creyente lucha con el sufrimiento o la soledad o enfermedades o dolor y elige confiar y servir a Dios a pesar de todo, una campana suena a través del cielo y los ángeles dan una gran aclamación de victoria. ¿Por qué? Porque un peregrino o peregrina más ha mostrado otra vez que vale la pena servir a Jesús. Dios es fiel.[2]

La semana antes de que Lynn muriera, una persona que lo visitó en su hogar observó:

—Eres una persona increíble. ¿Cómo es que sigues adelante?

Lynn le respondió:

—Sé que no puedo llevar esto solo. Tienes que entregarte y confiar.

Palabras difíciles para un hombre que solía solucionar sus propios problemas. Palabras difíciles para un hombre que estaba acostumbrado a tomar el control de la situación. Palabras difíciles para la mayoría de nosotros, pero esa es la respuesta que Dios quiere escuchar cuando la vida es injusta.

Hay un bufete de abogados locales que hace anuncios por radio destacando la historia de personas a las que les han sucedido cosas horribles y que han contratado un abogado para rectificar la situación. El anuncio concluye que usted también debe contratar a este bufete de abogados "cuando la vida lo enfrente con momentos que usted no merece."

A mí me gusta más el consejo de Lynn: Cuando la vida lo enfrente con momentos que usted no merece, entréguese y confíe en un Dios que es fiel.

Tu eterna palabra, oh Señor, se mantiene firme en el cielo.
Tu fidelidad se extiende a cada generación.   Salmo 119:89-90

Tenga ánimo: Aun cuando la vida es injusta, Dios es fiel.

～Melissa

"No creemos que ella vaya a sobrevivir."

ESPERO QUE SEA PARTE de un grupo de apoyo para pacientes con cáncer en el cual pueda compartir la risa y las lágrimas. Yo creo firmemente —y los estudios científicos lo apoyan— que los pacientes enfermos de cáncer tienden a vivir más tiempo y mejor cuando asisten en forma regular a este tipo de grupo.

La mayoría de las personas que asiste a nuestro grupo de oración y apoyo para pacientes con cáncer tiene un tipo de cáncer incurable. Yo no planeé que nuestro grupo fuera así, pero parece que esas son las personas que necesitan más aliento emocional y espiritual, así que tienden a venir a mi grupo en lugar de asistir a grupos más tradicionales que se concentran en educar e informar a las personas acerca del cáncer.

Esta es la historia de una persona de nuestro grupo quien, a pesar de no tener muchas posibilidades de sanarse, sobrevivió a su dolorosa experiencia con el cáncer.

Melissa vino a mi grupo porque es creyente y quería recibir aliento cuando fue recién diagnosticada con el linfoma de Hodgkin. Sin embargo, en realidad ella no encajaba bien con el resto del grupo por dos razones principales: En primer lugar, tenía solo veinte años de edad, lo que la hacía diez años menor que la persona más joven del grupo. En segundo lugar, su diagnóstico había sido cáncer fase IIA y se le había dicho que tenía 85 por ciento de posibilidades de sobrevivir, lo cual era casi el doble de lo que tenían los demás componentes del grupo.

Todos esperaban que Melissa pasara por la quimioterapia como si fuera un paseo, en unos pocos meses, y que la declararan completamente sana, para poder asistir a la escuela de arte con la cual había soñado desde su graduación de la secundaria. Por cierto que las probabilidades estaban a su favor. Todos estábamos contentos de que finalmente alguien de nuestro grupo iba a estar bien.

No obstante, las cosas no se desarrollaron de acuerdo al plan. Después del primer tratamiento de quimioterapia, el examen de tomografía computarizada mostró que los tumores estaban más pequeños, pero no tanto como se hubiera esperado normalmente. Marc todavía estaba cautelosamente optimista de que ella pudiera entrar en remisión. Melissa recibió tratamiento de radiación, pero al mes, el examen de TC mostró que los tumores estaban creciendo. Marc me dijo que ella había desarrollado resistencia al tratamiento y agregó que eso era muy malo.

Las posibilidades que antes tenía de sanarse ahora habían disminuido drásticamente.

Él la refirió al hospital Johns Hopkins, a una hora de distancia, para consultar con los especialistas acerca de la posibilidad de un transplante de médula ósea. Los médicos estuvieron de acuerdo en que ella era una buena candidata para un transplante y al principio pensaron que había 35 por ciento de posibilidades de cura, pero más tarde determinaron que tenía solo 15 por ciento de posibilidades de sanarse de la enfermedad de Hodgkin.

Lynn, su hermana menor, resultó ser la candidata perfecta como donante para ese transplante de médula ósea y en diciembre de 1995, unos pocos días después de haber cumplido veintiún años de edad, le dieron a Melissa una dosis mortal de quimioterapia, y luego la "rescataron" de la muerte con una transfusión de células sanas de la médula ósea de su hermana. Por cierto que ese fue un procedimiento de alto riesgo, pero para pacientes como Melissa fue la única esperanza médica de curación.

El transplante de médula ósea se realizó sin problema alguno y después, Melissa y su mamá se mudaron a un lugar para pacientes ambulatorios que quedaba enfrente del hospital. Los médicos creen que es mejor que los pacientes que han recibido un transplante no estén en el hospital, donde hay toda clase de gérmenes y donde a menudo los pacientes se sienten solitarios debido a que están aislados. En cambio, Melissa y su mamá iban al hospital todos los días por poco tiempo, para que los médicos revisaran a la joven.

Melissa se sentía tan bien que no estaba dentro del edificio por mucho tiempo. En cambio, se ponía la mascarilla protectora, se sentaba en su silla de ruedas y salía para distraerse. A menudo, cuando yo la llamaba para hablar con ella, su madre me decía que había ido al centro comercial con su hermana, o al puerto con su papá, o al cine con su hermano. Contra todos los pronósticos, ella se estaba recuperando muy bien.

Ella regresó a su hogar a fines de enero, tres veces más rápido de lo que al principio había estimado el personal del Hospital Hopkins. Se sentía débil, pero todos los exámenes mostraban que estaba dentro de los rangos aceptables.

Sin embargo, unas pocas semanas después, mientras estaba en el hospital Hopkins para unos exámenes de rutina, Melissa comenzó a tener problemas para respirar. Un examen de sangre para mostrar el nivel de oxígeno mostró que su nivel era muy bajo, y fue admitida al hospital. Tres días después su nivel era tan bajo que le pusieron un tubo por la garganta y le administraron 100 por ciento de oxígeno.

Los médicos les explicaron a sus preocupados padres, Shirley y Bob, que las drogas que le habían administrado en el primer tratamiento de quimioterapia le habían dañado los pulmones y que ahora tenía dificultades respiratorias. También tenía una clase común de pulmonía que los sistemas inmunitarios de la mayoría de las personas podían resistir, pero que debido a que su sistema había sido dañado durante el transplante, ella no podía luchar. Le administraron antibióticos en forma intravenosa, pero no era probable que pudieran hacer lo suficiente.

Dos días más tarde, los médicos nuevamente les dieron malas noticias a los padres de Melissa.

"El médico que estaba a cargo nos dijo que habían tratado todo, pero que ella no estaba respondiendo y que no había nada más que pudieran hacer," recuerda Shirley.

—¿Cuáles son sus posibilidades de sobrevivir? —le preguntó Shirley, quien ahora estaba acostumbrada a porcentajes cada vez menores.

—Cerca de cero —le dijo el doctor sin inmutarse—. No creemos que vaya a sobrevivir.

"Una trabajadora social vino y trató de ayudarnos con la muerte [inminente]," me dijo Shirley, leyendo sus notas de un pequeño cuaderno verde en el que había hecho notas durante esa prueba. "Bob estaba sollozando."

No obstante, Shirley, una maestra de jardín de infancia firme y eficiente, se pudo en acción de inmediato. Llamó a su pastor, quien de inmediato viajó en automóvil los sesenta kilómetros a la ciudad de Baltimore para orar con ellos.

"A medida que el día avanzaba y ella empeoraba, le pregunté al pastor si era posible que los ancianos de la iglesia vinieran al hospital para orar por ella," recuerda Shirley.

En unas pocas horas, media docena de hombres se unieron a la familia de Melissa, alrededor de su cama, y le rogaron a Dios por la vida de la joven. Cantaron himnos, incluyendo "Encontré salvación," el último himno que Melissa, con su suave voz de soprano, había cantado en un solo en la iglesia antes de recibir su diagnóstico. Citaron el versículo favorito de ella, Juan 3:16: "Pues Dios amó tanto al mundo que dio a su único Hijo, para que todo el que crea en él no se pierda, sino que tenga vida eterna."

"No fue algo emocional," recuerda Shirley. "No hubo lágrimas, aunque [el hermano menor de Melissa] Steve tenía problemas para hablar.

"Con la voz totalmente ahogada, decía una y otra vez que si Melissa no sobrevivía, ella iría al cielo," recuerda Shirley.

Sin embargo, Shirley continuaba creyendo que Dios podía sanar a Melissa.

Era de tarde aquel miércoles, así que Bob llamó a su iglesia en Hanover, Pennsylvania, y les pidió a las personas allí reunidas que oraran por su hija que se estaba muriendo. Él llamó a parientes y amigos, incluyéndome a mí, mientras luchaba contra viento y marea.

Yo me sentí anonadada cuando recibí su llamada.

"No creen que pase la noche," me dijo, tratando de contener las lágrimas. "Por favor, ¿podría comenzar a orar?"

Le aseguré que lo haría y caí de rodillas tan pronto como colgué el auricular. Me uní a los muchos amigos y familiares de Melissa rogando por el poder sanador de Dios. A continuación, llamé a Marc y a Elizabeth y les pedí que también oraran.

Después de que los ancianos de la iglesia terminaron de orar y de cantar junto a la cama de Melissa, se fueron silenciosamente. Melissa estaba en estado de coma y completamente inconsciente de lo que había sucedido esa tarde, incluyendo el sentimiento de serenidad que todos los presentes afirmaron sentir. Entonces otro médico entró a la sala.

"Hay otra cosa que queremos tratar de hacer por Melissa," dijo el doctor. "No sabemos si va a resultar, pero no la va a perjudicar."

Con esa breve explicación, las enfermeras la hicieron acostar boca abajo con mucho cuidado para ver si le mejoraba la respiración.

La madre de Melissa, quien estaba descansando en el departamento que quedaba enfrente del hospital, llamaba a las enfermeras a cada hora para que le informaran sobre su hija. El informe siempre era el mismo: "Sigue igual." No obstante, en las primeras horas de la madrugada, el nivel de saturación de oxígeno de Melissa subió un poco.

"Cuando llamé a la mañana siguiente, la enfermera me dijo: 'No se entusiasme demasiado todavía, pero hay una pequeña mejoría,'" recuerda Shirley. "Cuando escuché eso supe que ella había sido sanada."

Ella estuvo en lo cierto. Contra todas las probabilidades, Melissa sobrevivió.

Su familia le dio gracias a Dios. Todos los que habían orado por ella estaban contentísimos. ¡Aun las personas que limpiaban en el hospital Hopkins se regocijaron con la noticia!

"Gloria, aleluya," dijo una de ellas cuando vio a Melissa sentada en una silla con el respirador todavía en su lugar. "Nunca hemos visto a un paciente conectado a un respirador que esté sentado en una silla."

Exactamente una semana después de esa noche de oración, le quitaron el tubo y Melissa comenzó a respirar por sus propios medios.

"Cuando le sacaron el tubo, las enfermeras decían: 'Es un milagro,'" recuerda Shirley. "Cuando le dieron de alta, los médicos decían:

'Es un milagro.' Por supuesto, ¡las mujeres que hacían la limpieza lo supieron primero!"

Melissa nunca se cansa de escuchar a su mamá relatar esta historia, porque sabe que de acuerdo a las posibilidades que tenía, no debería estar viva.

"Realmente siento que me han dado una segunda oportunidad," dice ella. "Cada vez que salgo y miro un árbol, me siento muy agradecida, porque sé que no se supone que esté viva."

Mientras escribo este capítulo, Melissa se está preparando para comenzar, dentro de un par de semanas, su segundo año de estudios en la escuela de arte. A pesar de una lucha de toda su vida con la dislexia y problemas de salud ocasionados por los esteroides que tuvo que tomar después de su transplante, en su primer año de estudios Melissa sacó excelentes notas. Ella quiere trabajar como ilustradora de libros para niños y dar clases individuales de arte. Hace dos meses fue la dama de honor en el matrimonio de su hermana Lynn, que se realizó al aire libre. Melissa se veía radiante con su cabello oscuro ondulado y su vestido largo color fucsia.

Los últimos cuatro años han hecho que ella crezca con mucha rapidez. Ha tenido que lidiar con pérdidas debido al cáncer. Los médicos dicen que debido a la dosis letal de quimioterapia que recibió nunca podrá tener hijos. No ha sido un camino fácil para ella, pero existe un factor de confianza en su vida que no estaba allí antes.

"Es difícil de explicar, pero siento que todo lo que hago ahora está completamente en las manos de Dios," dice ella. "Una vez que se llega a esa parte tan baja en la vida, el lugar donde no podemos hacer nada, aprendemos que Dios está en control y cuando le damos todo a él, la vida es mucho mejor.

"No es algo que en realidad se le pueda decir a la gente," admite ella. "Hay que experimentarlo por sí mismo."

¿Ha aprendido usted esa lección de la vida? Es una de las más importantes que puede enseñar el cáncer, pero Melissa tiene razón: yo no se la puedo enseñar; usted tiene que experimentarla por sí mismo, al igual que lo hizo ella y que lo hice yo.

Cuando me dieron el diagnóstico de cáncer, me dijeron que en el mejor de los casos, yo tenía una posibilidad de 50 por ciento de sobrevivir. A mí me pareció como si alguien fuera a tirar una moneda al aire: si sale cara, vivo; si sale cruz, muero. Pensar en eso casi me hacía perder la razón.

Luego, una verdad superior se me hizo clara. Dios no estaba jugando a la ruleta con el cáncer.

Dios no tenía los dedos cruzados.
Dios no me iba a desear suerte.
Dios no estaba recibiendo apuestas sobre mi futuro.
Dios no necesitaba probabilidades buenas para sanarme.

Es preciso que usted sepa que el cáncer *no* es una sentencia de muerte automática. Cuando yo escuché la palabra *cáncer* en la misma frase con mi nombre, mi reacción inicial, basada en las personas que yo sabía que tenían cáncer, fue: *Estoy liquidada.* Sin embargo, eso fue en el año 1990, y ¡hoy estoy viva y me siento perfectamente bien!

Los médicos hacen lo mejor que pueden para predecir los porcentajes de curación y las probabilidades de sobrevivencia, pero esas predicciones son precisamente solo conjeturas. Yo estoy muy contenta de que Marc no haga predicciones en forma regular sobre el tiempo que un paciente puede vivir. Él siente que esas predicciones se convierten en profecías que acarrean su propio cumplimiento en la mente de muchos pacientes. Cada una de las personas en este libro vivió más tiempo —en algunos casos *muchísimo* más tiempo— del que los médicos o la ciencia médica hubieran pronosticado.

La madre de Melissa me dijo algo que la ayudó a lidiar con la horrible prognosis que los médicos le dieron a su hija. Cuando el médico del Hospital Hopkins dijo que Melissa tenía solamente 15 por ciento de posibilidades de sobrevivir el transplante de médula ósea, les explicó que mientras que esa estadística era cierta en general para los pacientes de un transplante, para cada individuo la posibilidad de sobrevivir era 0 por ciento o 100 por ciento. Cada paciente vivía o no vivía, ¡no había términos medios!

Las predicciones son simplemente eso. No tienen la última palabra.

Cuando pensé por primera vez en escribir este libro, no creí que mi amiga Doris (vea el capítulo 11) estaría viva todavía cuando yo llegara a su capítulo. Ella ya tenía los días "contados." Sin embargo, solo la semana pasada compartimos tres horas juntas, tomando té de naranja con especias en su terraza, hablando de lo que yo debería escribir sobre ella. No me sorprendería para nada que le pudiera entregar un ejemplar autografiado de este libro.

El otro día yo estaba visitando a Jessica, que tiene veintitrés años de edad y está recibiendo cuidados paliativos. Ella y su madre habían preparado un exquisito almuerzo de tomates rellenos con ensalada de cangrejo, fruta fresca, limonada y una tarta de queso con manzanas. Jessica ha estado luchando por cuatro años con una clase rara e incurable de cáncer adrenal y confía en que Dios se la va a llevar al cielo en el tiempo correcto. Ella me dijo hace algunos meses que escuchó por casualidad a las enfermeras que la cuidan decir que ella "no iba a sobrevivir esa noche."

"Me enfurece cuando dicen eso," me dijo, con sus oscuros ojos brillando con intensidad.

Yo tuve que refrenar una sonrisa. ¡Nunca antes había escuchado a un paciente de hospicio quejarse de ese asunto! ¡Es algo típico de Jessica estar tan enojada que se niega a morir según los vaticinios!

"Sé que me estoy muriendo," continuó con total naturalidad, como solo Jessica lo puede hacer. "Están tratando de preparar a mi mamá, y todo eso, pero no saben cuándo va a ser; solo Dios lo sabe."

Jessica está totalmente en lo cierto. La Biblia lo dice bien claro: "Me viste antes de que naciera. Cada día de mi vida estaba registrado en tu libro. Cada momento fue diseñado antes de que un solo día pasara," escribió el rey David (Salmo 139:16).

"Mi futuro está en tus manos," escribió también (Salmo 31:15).

No importa cuántos más o cuántos menos sea el número de mañanas que los médicos le puedan haber dicho que podría vivir, esos mañanas están seguros con Dios. No podemos saber lo que nos traerá el día de mañana, pero conocemos a Aquel que tiene el día de mañana en sus manos y eso es suficiente.

Tenga ánimo: El cáncer no es una sentencia de muerte automática. Sus días están en las manos de Dios y él no necesita "buenas probabilidades" para sanarlo.

~Huberta

"La paz inundó mi alma."

TODO EL MUNDO REACCIONA de forma diferente al diagnóstico de cáncer. Es probable que su reacción y la mía tuvieron muchas cosas en común, pero sin duda que también hubo diferencias. Tal vez por años usted tuvo miedo de enfermarse de cáncer, porque algunos de sus parientes ya habían tenido cáncer. Es posible que se haya revisado para ver si tenía bultos, o algún otro signo revelador, sabiendo con seguridad que a continuación le llegaría su turno. O tal vez haya pensado, al igual que yo, que usted se había cuidado tan bien que *nunca* tendría que enfrentar ese diagnóstico.

No obstante, si usted es como mi amiga Huberta, *esperar* recibir un diagnóstico oficial fue tan horrible como finalmente escuchar la palabra *cáncer*.

Huberta, o "Bird," como la llamaban sus amigos, llegó a nuestra oficina como paciente a mediados de julio de 1997. Ella no había tenido una biopsia, pero sabía que tenía una masa inoperable en el pulmón que probablemente era cancerosa. Necesitaba más exámenes y la espera estaba haciendo estragos en ella.

Su delgado cuerpo se movía nerviosamente mientras permanecía sentada a mi lado en la sala de espera aquel primer día en nuestra oficina. Tamborileaba constantemente con sus dedos sobre la silla y las manos le temblaban cuando se secaba los ojos con un pañuelo de papel arrugado.

Es probable que esté tan mortificada que quiera fumar un cigarrillo, pensé, sintiendo compasión por ella.

Si está tan mortificada ahora, ¿qué hará si recibe las temidas noticias? me pregunté, sintiéndome totalmente incapaz de aliviarle la ansiedad.

Detesto el largo tiempo que toma programar los exámenes médicos y luego esperar los resultados. Me doy cuenta de que desde el punto de vista administrativo por lo general no se puede hacer nada mejor, pero de todos modos lo detesto.

Cuando mi médico de cabecera estaba tratando de determinar lo que yo tenía, me hicieron un examen de enema de bario un día jueves y no tuve los resultados hasta el lunes siguiente. Cuatro días le puede parecer un buen tiempo a un médico o a una secretaria para entregar los resultados de un examen, pero es una eternidad para un paciente que tal vez tenga cáncer. Saltaba cada vez que sonaba el teléfono y me preocupaba cuando no lo hacía. Ahora, como intercesora de los pacientes, trato de asegurarme de que si ellos están ansiosos en cuanto a los resultados, se les llame tan pronto como los resultados estén listos y no cuando es conveniente hacerlo.

Sin embargo, Bird necesitaba ver a otro especialista por sus exámenes y no había nada que yo pudiera hacer para acelerar el proceso. Le aseguré que hablaríamos otra vez si recibía un diagnóstico oficial de cáncer. No esperaba verla de nuevo hasta después de unas dos semanas.

No obstante, allí estaba ella, de pie en la sala de espera al día siguiente por la tarde. No tenía una cita y no me podía acordar de su nombre. (Recibo entre cuatro a ocho pacientes nuevos por semana, así que a veces me lleva un poco de tiempo vincular los nuevos rostros con sus nombres.)

Ella estaba llorando de nuevo, o tal vez no había dejado de hacerlo desde el día anterior. La invité a que subiera a mi oficina, en parte porque nos daría privacidad y en parte porque allí no se siente como que uno está en la oficina de un médico. Por lo general la gente comienza a sentirse más tranquila tan pronto como entran allí. Sin embargo, pensé que se requeriría más que un cambio de ambiente para calmar a esta paciente.

Ella comenzó a hablar acerca de sus temores en cuanto al diagnóstico y al tratamiento. Finalmente recordé su nombre. Ella estaba muy alterada y yo me preparé para escucharla sin decir mucho. Quería que ella supiera que yo la entendía y que me preocupaba por ella. También quise que ella se sintiera libre de compartir sus problemas conmigo.

Sin embargo, con mucha rapidez ella enfocó la conversación sobre asuntos espirituales y comenzó a formular preguntas acerca de las enseñanzas bíblicas. Por lo general, yo no entro en esos temas profundos la primera vez que hablo con un paciente o un miembro de su familia. Siento que es importante mostrar primero el amor incondicional de Dios. Eso significa que no tengo ningún programa designado con anticipación y que no uso artimañas ni motivos ocultos. Trato de amar a las personas tal y como son en el lugar en que se encuentren, y espero que me permitan en algún momento hablar sobre asuntos espirituales.

Bueno, Bird me estaba ofreciendo esa oportunidad, pero yo temía tomarla.

—No sé cómo puedo ir al cielo —me dijo yendo directamente al grano—. ¿Qué tengo que hacer para ir allí?

Tómalo con calma, no la apabulles con demasiada información que la pueda asustar, pensé.

—¿Le gustaría saber lo que dice la Biblia? —respondí con cautela. Me dijo que sí, así que compartí con ella la verdad sobre cómo ella y cualquier otra persona puede llegar al cielo.

Ella quería saber más.

Compartí con ella la historia de cómo Dios me cambió la vida cuando yo asistía a la universidad.

Ella quería saber más.

Le expliqué con detalles la forma de tener una relación personal con Dios.

Ella quería aún más. Comenzó a contarme algunas de las cosas que había hecho en la vida que *sabía* que eran pecados, pero que muchas de sus amigas decían que estaban bien porque todo el mundo las hacía.

Le dije que tenía razón, que la Biblia las llama pecados.

Admitió que no había asistido a la iglesia por muchos años. Sabía que tenía que haber mucho más en la vida. Mi cerebro comenzó a hablar con mi corazón:

Pregúntale si quiere orar para poner su fe en el Señor.

No lo hagas, acabas de conocerla.

Ella lo quiere hacer.

Es demasiado pronto.

Cuando pienso en eso ahora, me pregunto por qué dudé siquiera por un instante. Siempre oro pidiendo que Dios me ayude a compartir sobre él con los pacientes y con quienes los cuidan, solo cuando ellos estén listos para escuchar. No quiero forzarlos ni imponerles la Biblia. Trato de proceder siempre con lentitud y cautela, siguiendo la guía de Dios.

¡Yo no había "hecho lo suficiente" con Bird! Por lo general toma semanas, meses y tal vez inclusive años para que alguien esté listo para entregar su vida a Dios. Entonces escuché que Dios me hablaba, no con voz audible, sino en la mente. "¿No te das cuenta de que *yo* ya he hecho lo suficiente en su corazón? ¿Le vas a pedir que ore o no?"

—¿Le gustaría orar y recibir el don de Dios de la vida eterna? —le pregunté un poco avergonzada.

—¡Sí! —me dijo y cayó de rodillas, llorando más fuerte que nunca antes y tomando mis manos en las de ella.

No recuerdo ni una palabra de esa oración.

Yo estaba maravillada de la forma en que Dios le había mostrado a ella la verdad.

Me sentí muy humilde de que Dios me hubiera permitido el gozo de orar con Bird.

Estaba emocionada con la decisión de ella.

Sentí mucha gratitud porque ella no estaría enfrentando el diagnóstico sola.

Estoy segura que es fácil imaginarse que Bird y yo muy pronto nos hicimos amigas íntimas. Cuando Dios dispone una primera reunión como esa, ¡comenzamos a preguntarnos qué va a hacer a continuación!

Dos semanas después Bird recibió la mala noticia de que *tenía* cáncer al pulmón y que era inoperable. Digo "mala noticia" porque siempre es mejor cuando un cirujano puede operar y extirpar el cáncer. No digo "mala noticia" porque la situación de Bird fuera sin esperanza. A una de las enfermeras que administra quimioterapia en nuestra oficina, llamada Anne, le diagnosticaron cáncer al pulmón inoperable en el año 1995 y hoy en día no tiene cáncer. (Marc le dio 10 por ciento de posibilidades de sanarse cuando le dieron el diagnóstico.)

Bird pasó por el tratamiento de quimioterapia bastante bien y experimentó lo que Marc llamó una "buena remisión," lo que significa que el tumor se redujo por lo menos 50 por ciento.

En unos pocos meses, una tomografía axial computerizada confirmó que la remisión —no tan buena y larga como habíamos esperado— había terminado y que el cáncer se le había extendido a la columna vertebral. En muy poco tiempo, Bird ya no pudo caminar. La llamé por teléfono unos días antes de la Navidad, pensando que tal vez ella necesitaba un poco de ánimo. Los días feriados pueden ser muy deprimentes cuando se tiene cáncer. Los primeros dos años después de mi diagnóstico, cada día feriado yo me preguntaba si podría ser el último y quería que cada uno fuera muy especial, por si ya no iba a tener otro.

Cuando llamé a Bird, ella no sonaba como alguien que necesitara aliento.

"Hoy ha sido el peor y el mejor día de mi vida," me dijo con alegría en la voz. "Estoy paralizada de la cintura para abajo, tengo insertado un catéter y necesito ayuda para todo, así que debería ser el peor día de mi vida," dijo con un ritmo alegre en su voz un poco rasposa, "pero muchos de mis amigos me vinieron a ver hoy, me cantaron canciones navideñas y me trajeron toneladas de comida. No creo haberme sentido nunca tan amada. Fue el mejor día de mi vida."

Le di las gracias por haberme animado a *mí* y colgué el auricular.

A medida que pasaban las semanas, visité a Bird en su hogar en forma regular. Lo que más la preocupaba era tener paz en cuanto a morir. Ella sabía que iba a ir al cielo, pero quería sentir paz en cuanto a todo ese proceso. Oramos juntas a menudo y le aseguré que la perfecta paz de Dios le llegaría tal como él había prometido.

En enero, fui a visitar a Bird a su pequeña casa rodante, donde sus dos hijas se turnaban para cuidarla. De inmediato noté que Bird se veía diferente ese frío día con fuertes vientos. Me pregunté si había hecho algo diferente en cuanto a su cabello rubio platinado, o si estaba más maquillada que de costumbre. Inclusive las líneas de preocupación de su rostro, sin duda resultado de un divorcio complicado, parecían más tenues. Yo no sabía cuál era la razón, pero su rostro tenía un brillo que yo nunca antes le había visto.

Conversamos por un rato y cuando ya no pude aguantar más el suspenso, le pregunté:

—¿Cuál es la razón por la cual te ves tan hermosa hoy?

—Tengo paz —me dijo simplemente mientras me miraba con sus ojos color café como los de una gacela—. El domingo en la noche, el alma se me inundó de paz y todavía la siento.

Continuó diciendo:

—Es increíble. Es algo tan maravilloso, no lo puedo describir. ¡Nunca pensé que me podría sentir de esta manera!

La abracé y lloré lágrimas de gozo con ella y continué mirando su hermoso rostro lleno de paz.

Son momentos así los que me dan la absoluta confirmación de que Dios cumple su Palabra. Una cosa es escuchar al apóstol Pablo hablar de "la paz de Dios cuidará su corazón y su mente" y otra cosa es ver eso en el rostro de una paciente de cáncer que no se puede levantar de la cama y que ha sido desahuciada. He visto esto en muchísimos rostros de pacientes de cáncer y en las personas que los cuidan.

Es una paz que no tiene sentido.
Es una paz que no se puede explicar.
Es una paz que trasciende la mente humana.
Es una paz que solo Dios puede dar.
Es una paz que espero que usted pueda sentir hoy.

Me gustaría compartir con usted el resto del versículo que escribe Pablo acerca de esa paz, porque creo que nos muestra con claridad la forma de obtenerla.

No se preocupen por nada; en cambio, oren por todo. Díganle
a Dios lo que necesitan y denle gracias por todo lo que él ha
hecho. Así experimentarán la paz de Dios, que supera todo lo
que podemos entender. La paz de Dios cuidará su corazón y su
mente mientras vivan en Cristo Jesús.   FILIPENSES 4:6-7

Dios nos da paz cuando le entregamos todas nuestras preocupaciones
en oración, mientras le damos gracias por todas nuestras bendiciones.
Él reemplaza nuestras preocupaciones con su paz que es suficiente
para llenarnos el corazón y la mente.

Esta clase de paz no es solo la ausencia de contiendas; es la presencia de algo mucho mejor. Jesús se lo describió a sus preocupados
discípulos justo antes de su muerte:

Les he dicho todo lo anterior para que en mí tengan paz.
Aquí en el mundo tendrán muchas pruebas y tristezas;
pero anímense, porque yo he vencido al mundo.   JUAN 16:33

Si Jesús no les pudo prometer a sus fieles discípulos que no ten-
drían dificultades, por cierto que yo no le puedo prometer algo diferente. Usted y yo *experimentaremos* dificultades en este mundo, a
veces en eso está incluido el cáncer. Sin embargo, le prometo —y lo
que es más importante, Jesús el Mesías nos promete— que podemos
enfrentar estas dificultades con absoluta seguridad y permanecer en
completa paz.

Yo solía pensar que si solo pudiera saber con seguridad que la quimioterapia iba a resultar en mi caso, que estaba bien que no me die-
ran radiación y que la cirugía en verdad había eliminado totalmente el
cáncer, entonces estaría en paz. Si solo tuviera alguna garantía de que
todo iba a dar buen resultado. Yo quería escuchar que el tratamiento
de quimioterapia que estaba recibiendo tenía el tipo de garantía de
que si algo no funciona, le devuelven el dinero a la persona, no 20 por
ciento de posibilidades de que diera resultado en mi caso. Fue muy
difícil tomar decisiones y enfrentar un futuro incierto sin garantía
alguna. Aun cuando llegué a la marca de haber sobrevivido cinco

años, yo quería la garantía de estar sanada y de que me aseguraran que el cáncer no iba a volver.

No me dieron ninguna de esas cosas.

Me sentí muy desilusionada cuando Marc, en su irritante honestidad, me explicó durante mi chequeo a los cinco años que mientras que las posibilidades de que el cáncer volviera habían disminuido grandemente, no había garantías de que estuviera sanada y que debía ser revisada para ver si tenía cáncer por el resto de mi vida.

Yo ya he dejado de buscar garantías aquí en la tierra.

El rey David tenía esto bien claro: "Algunas naciones se jactan de sus caballos y sus carros de guerra, pero nosotros nos jactamos en el nombre del Señor nuestro Dios" (Salmo 20:7).

Algunos de ustedes están confiando en los médicos, en la ciencia o en terapias alternativas, pero a pesar de lo que hayan leído, no tienen garantías. Pueden proveerle una cura o no, pero lo que no le pueden traer es una paz que sobrepasa todo entendimiento.

El Señor le da fuerza a su pueblo; el Señor lo bendice con paz.

SALMO 29:11

¡Tú guardarás en perfecta paz a todos los que confían en ti;
a todos los que concentran en ti sus pensamientos!   ISAÍAS 26:3

Pues Cristo mismo nos ha traído la paz.   EFESIOS 2:14

Esas palabras las dijo Dios, no yo. La Biblia llama a Dios *Jehová Shalom*, Dios de paz. Él es la única paz que está garantizada.

Tenga ánimo: Usted puede confiar en que Dios le proveerá la paz que ha prometido, esa misma que trasciende todo entendimiento, una paz que no tiene sentido en su situación actual.

~*Jack*

"Fue nuestra primera oración juntos."

JACK LUCHÓ CONTRA DOS COSAS muy grandes en su vida y las dos comienzan con la letra "C": la cocaína y el cáncer. La primera lucha dejó claro que Dios amaba mucho a Jack y la segunda mostró que Jack amaba mucho a Dios.

Tanto la cocaína como el cáncer sorprendieron a Jack.

Por cierto que él no había planeado que al cumplir cuarenta y siete años de edad, él y su esposa, Jeannette, estarían fumado una onza de cocaína diaria. Tampoco había planeado pasar una semana sin dormir mientras andaban de parranda. Tampoco había planeado ser testigo de la forma en que la cocaína destrozó el cuerpo de Jeannette con convulsiones. Sin embargo, planeadas o no, esas cosas sucedieron. Eran parte de un desfile de sorpresas que marchaba por su vida.

Jack se había asombrado un poco cuando uno de sus parientes les mostró por primera vez a él y a Jeannette la forma en que se fumaba la droga *crack*. Por cierto que se extrañó mucho cuando otro pariente lo denunció a la policía por traficar con drogas, pero lo que realmente lo sorprendió fue saber que Dios le podía dar una vida nueva.

"Habíamos tratado de dejar las drogas por nuestro propio esfuerzo muchas veces," me explicó Jeannette. "Habíamos asistido a centros de rehabilitación en Las Bahamas, Hawaii y Florida. Hasta compramos una casa nueva y tratamos de comenzar una vida sin drogas, pero celebramos la compra de la nueva casa fumando *crack*."

Finalmente, cuando su nieto nació en febrero de 1989, decidieron que necesitaban dejar las drogas por él. Primero fueron a las reuniones de Alcohólicos Anónimos y después comenzaron un grupo de Narcóticos Anónimos.

"Fue entonces cuando encontramos a Dios," dijo Jack. A medida que experimentaban esa nueva relación con Dios, ambos cambiaron totalmente el curso de sus vidas y ese nuevo comienzo, que los había eludido por tanto tiempo, fue finalmente una realidad. Trabajaron como voluntarios en un centro local para tratar a personas alcohólicas y drogadictas, se hicieron miembros de una iglesia y comenzaron a ayudar a criar a su nieto.

Para cuando yo los conocí, casi diez años más tarde en el verano de 1998, todavía estaban limpios de las drogas, todavía pertenecían a una iglesia y su nieto era un preadolescente feliz. No obstante, el amor de ellos por Dios se había enfriado.

En el cuestionario de nuestra oficina sobre la historia médica de los pacientes, formulamos esta pregunta: "¿Cuán importante es para usted su fe espiritual?" Más de 85 por ciento de nuestros pacientes responden: *importante*, *muy importante* o *extremadamente importante*, pero Jack escribió la palabra *moderada* en su respuesta. Cuando leí su formulario, supe que ese paciente iba a necesitar más que una fe tibia para enfrentar su siguiente sorpresa.

Me estaba preparando para salir de la oficina ese día cuando Marc me detuvo y me dijo que les había pedido a Jack y a su esposa que fueran a su oficina de inmediato. Habían estado en el hospital donde le habían hecho otro examen para tratar de determinar por qué Jack había tenido coágulos en la sangre durante años.

Marc había recibido un informe verbal del radiólogo que había leído los escanogramas.

"Tiene cáncer en todo el cuerpo," me dijo Marc con tristeza. "Tiene adenocarcinoma y no se sabe dónde comenzó."

Yo no tengo estudios médicos formales, pero sé que no es un buen signo cuando no se sabe dónde comenzó el cáncer.

"Él ha estado yendo de un médico a otro y nunca encontraron qué era lo que tenía," continuó Marc. "Su estado es muy grave. Voy a admitirlo directamente al hospital. Me sorprenderé si vive algunos días."

Le eché un vistazo a mi reloj. Yo quería quedarme y hablar con Jack y Jeannette después de que Marc hablara con ellos. Sabía que iban a necesitar palabras de aliento después de las devastadoras noticias que estaban a punto de recibir. No obstante, para cuando la enfermera les tomó los signos vitales y Marc habló con ellos, yo sabía que pasaría otra hora. Ya se me había hecho tarde para llegar a mi hogar y llevar a mi hija menor a comprar algunas cosas que necesitaba antes de que saliéramos de vacaciones al día siguiente. El día anterior habíamos pospuesto ese viaje de compras porque no llegué a casa a tiempo. No la podía defraudar de nuevo.

—Me voy a quedar el tiempo suficiente para conocerlos, pero después me tengo que ir —le dije a Marc.

—Está bien —me dijo—. Solo quería que lo supieras.

Tenía solamente unos pocos minutos para prepararme, pero ofrecí una corta oración.

"Señor, tú sabes que me gustaría poder quedarme y estar con esta pareja después de que reciban las malas noticias, pero no lo puedo hacer. Tú puedes suplir sus más profundas necesidades; puedes proveer para ellos emocional y espiritualmente, ya sea que yo esté aquí o no. No soy yo a quien necesitan para pasar por esto, es a ti a quien necesitan. Por favor, revélate a ellos y hazles sentir tu presencia."

Tomé la carpeta con la información para los nuevos pacientes y fui a la sala de espera para conocerlos.

Jack era un hombre alto, de más de 1,80 metros de estatura y de unos 115 kilogramos de peso. Su tez era clara, sus ojos azul oscuro, con el cabello canoso y ondulado más bello que he visto en un hombre, que le llegaba a los hombros. Jeannette era baja, con piel más oscura, cabello ondulado y oscuro, y ojos color café. Parecía tener unos cuarenta y cinco años de edad.

Hice una breve presentación y les di un panfleto acerca de "Entregarle nuestras preocupaciones a Dios," y traté de no pensar en el temor que veía en los ojos de ellos. Los llevé de vuelta a la enfermera y me disculpé por tener que irme antes de que el médico estuviera listo para verlos, lo cual sería por lo menos en unos cuarenta y cinco minutos, porque todavía tenía otro paciente antes que ellos. Mientras caminaba hacia el frente de la oficina para decirle a la secretaria que me iba, el reverendo Scott Sager, que era pastor local y capellán del hospicio, me hizo señas de que me acercara.

—Las personas que llevó allá ¿eran Jack y Jeannette Chronister? —me preguntó.

—Sí —le dije—. ¿Los conoce?

—Son miembros de mi iglesia, pero casi nunca los veo y no estaba seguro de haberlos reconocido —me explicó.

Bueno, sé que alguna gente dirá que eso fue una coincidencia.
Que el pastor de Jack estuviera allí en ese preciso momento.
Que había ido a ese lugar en el día exacto en que Jack
**   recibiría noticias realmente malas.**
Que él llegara a ese lugar en el preciso instante en que yo
**   me tenía que ir.**
Algunos tal vez digan que fue una coincidencia.
Yo prefiero llamarlo una respuesta a la oración.

Con rapidez le informé a Scott acerca de las noticias que iban a recibir Jack y Jeannette. Él estuvo de acuerdo en quedarse hasta después de la reunión para hablar con ellos.

Así es como Jeannette recuerda aquel día.

"Cuando salimos de la oficina del doctor Hirsh, la cabeza nos daba vueltas. Fue algo tan terrible," recuerda ella. "Miré hacia la sala de espera y allí estaba el pastor Scott. Comencé a llorar. No podía creer que él estuviera allí para nosotros."

Scott oró con la asustada pareja y fue con ellos al hospital, donde Jack fue admitido. Él permaneció en contacto con ellos durante toda la siguiente semana mientras yo estaba de vacaciones.

Cuando regresé a la oficina, Jack había tenido su primera serie de quimioterapia en el hospital y estaba sintiendo los efectos de dicho tratamiento. Hablé con él y con Jeannette en la oficina de Marc mientras ellos esperaban que él llegara. Casi no nos conocíamos, pero ellos ya estaban compartiendo sus sentimientos más profundos.

—Me da miedo dormirme de noche —dijo Jack con la mirada clavada en el piso.

—¿Miedo de no despertar? —le pregunté sabiendo que su respuesta sería "sí." Yo me había sentido igual durante los primeros días después de mi diagnóstico mientras estaba esperando que me operaran. Sabía que no era algo lógico, pero eso no había cambiado nada. Cuando cerraba los ojos sentía que me invadía una oscuridad sofocante y tenía miedo de dormirme, porque tal vez no me despertaría. Me sentía como una tonta tratando de explicarlo, así que no lo había hecho. Gracias a Dios, eso pasó rápidamente.

Le pregunté a Jack qué hacía, si es que hacía algo, cuando lo sobrecogía el temor nocturno.

—Anoche oré —me dijo.

—Hicimos algo que nunca habíamos hecho antes —agregó Jeannette—. Hemos estado juntos veintiséis años, pero oramos juntos por primera vez en nuestra relación. Cuando él sentía tanto miedo, yo no sabía qué hacer, así que le tomé la mano y oré en voz alta por él. Fue nuestra primera oración juntos. Desde que vi al pastor Scott aquí en esta oficina, supe que Dios estaba contestando nuestras oraciones.

Dios continuó contestando toda clase de oraciones en favor de Jack y Jeannette. Él respondió a la oración de darles más tiempo, y en lugar de vivir unos pocos días como Marc había temido, Jack vivió cinco meses más. Oraron pidiendo una vacación más y Dios les concedió unos cuantos días maravillosos en su playa favorita, donde *por casualidad* se encontraron con un antiguo compañero de trabajo quien les dio un billete de cien dólares para que cenaran por cuenta de él.

"Nunca nos sentimos tan cerca el uno al otro y a Dios como cuando supimos que Jack tenía cáncer," me dijo Jeannette. "Creo que Jack creció más en su relación con el Señor en los últimos cinco meses que en toda su vida."

En el funeral, Jeannette dio un bello elogio compartiendo que a través de su lucha contra el cáncer, Jack "encontró una intimidad con Dios que antes no tenía" y que "su fe cobró un nuevo significado."

Ella dijo que el diagnóstico de cáncer de Jack fue lo que los hizo despertar y cambiar de rumbo para restaurar su vida espiritual. El diagnóstico los había sorprendido a ellos, pero no a Dios. Dios les probó eso a ellos (y a mí) cuando puso a su pastor en el lugar donde lo necesitaban. Dios continuó arreglando sus pasos durante los meses siguientes porque ellos confiaron que él estaba en control y que podía suplir sus necesidades.

No sé si su diagnóstico o el de su ser querido lo haya sorprendido, pero le garantizo que no ha sorprendido a Dios.

Dios es omnisciente.
Él ve todas las cosas.
Él es todopoderoso.
Dios está en control de todo.
Él sabe lo que usted necesita y cuándo lo necesita.

Yo no sé si el cáncer es la primera o la última en la serie de batallas que usted ha enfrentado. Yo hablo en mi oficina con muchas personas que sufren, para quienes el cáncer no es la lucha más grande que tienen; es solo el último golpe que les ha dado la vida. De cualquier forma es duro.

Para mí, el cáncer fue la primera lucha difícil que enfrenté en la vida. Yo no estaba preparada para luchar contra un enemigo tan grande. Otras personas han enfrentado tantos enemigos que sienten que no tienen lo que se necesita para enfrentar a un enemigo más. De cualquier forma, el cáncer nos puede sacar de la base y hacernos sentir fuera de control.

La mayoría de nosotros debería admitir que nos gusta estar en control. Yo soy una de esas personas. Me gusta hacer planes, llevarlos a cabo y luego sonreír con satisfacción cuando veo lo bien que se cumplen. Me gusta estar a cargo de las situaciones. Prefiero *decirle* a Dios lo que necesito, en lugar de esperar que sea Dios quien me lo diga a mí.

Jeannette me expresó esto de forma muy bella un día cuando yo los estaba visitando y parecía evidente que Jack no iba a recibir sanidad física en este mundo.

"Es difícil orar pidiendo la voluntad de Dios porque sé que tal vez no sea igual a mi voluntad," dijo suavemente, "pero en realidad se trata de eso, ¿no es verdad? ¿Quiero la voluntad de Dios o la mía para Jack?"

Ella dio en el blanco de la pregunta fundamental: *¿Quién quiero que esté en control de mi vida?* El cáncer es la llamada de aviso para todos nosotros. ¿Insistiremos en permanecer en control de nuestra vida, de nuestro futuro? ¿O le entregaremos el control a Aquel que la Biblia dice que tiene nuestro futuro en sus manos (Salmo 31:15)?

Cuando usted cree en Dios, tal vez es difícil aceptar el hecho de que él ha permitido que la adversidad llegue a su vida o a la vida de un ser querido. David Biebel habla sobre esto en su libro titulado: *If God Is So Good, Why Do I Hurt So Bad?* (Si Dios es tan bueno, ¿por qué sufro tanto?). Él dice que hay dos verdades que la gente que sufre tiene que reconciliar: A veces la vida es una agonía y nuestro Dios amoroso está en control.[1]

Piense en esto.
Si Dios sabe todas las cosas, el diagnóstico de cáncer no lo sorprendió a él.
Si Dios ve todas las cosas, él vio que iban a llegar malas noticias.
Si Dios tiene poder sobre todas las cosas, él podría haber impedido eso.
Sin embargo, no lo hizo.

Él no impidió que usted o su ser querido tuvieran cáncer. Él no impidió que me sucediera a mí, a Jack o a todas las otras personas sobre las que escribo en este libro. Yo no creo que su Palabra prometa que Dios va a impedir todas las cosas malas que nos suceden. Al contrario, creo que Dios está preparado para cada batalla, y que nos equipará.

La Nueva Traducción Viviente presenta 2 Corintios 4:8-9 de esta manera: "Por todos lados nos presionan las dificultades, pero no nos aplastan. Estamos perplejos pero no caemos en la desesperación. Somos perseguidos pero nunca abandonados por Dios. Somos derribados, pero no destruidos."

Dios está en control.
Las células errantes del cáncer no están en control.
La medicina tóxica no está en control.
Los médicos con sus batas blancas no lo están.
Las hierbas y las vitaminas no lo están.
Usted no está en control.
Yo no estoy en control.

Cuanto antes aprendamos esta verdad, tanto más fácil será nuestra lucha contra el cáncer. En realidad resulta liberador cuando lo entendemos. Usted puede estar tranquilo porque sabe que Alguien está en control. Alguien que es mucho más inteligente, a quien no se le pasa nada y que tiene mucho más poder del que usted y yo pudiéramos siquiera esperar tener. El Salmo 121:4 nos dice que Dios nunca duerme ni se adormece. Mateo 10:29-30 afirma que Dios sabe en cuanto un gorrión cae a tierra y que tiene contados los cabellos de su cabeza. (¡Por supuesto que serían muy fáciles de contar si a usted recientemente se le ha caído el cabello por causa del tratamiento!)

Es una lección que aprendo una y otra vez en forma diaria a medida que camino con el Señor. La aprendí de nuevo el día que murió Jack (¡después de haber vivido treinta y cinco veces más tiempo del que el médico había estimado que podría vivir!).

Yo quería estar con Jeannette en esos momentos, porque no quería que ella estuviera sola. La enfermera del hospicio se había ido y regresaría en unas pocas horas. Nosotros pensábamos que Jack se iría en cualquier momento, pero no fue así, y llegó la hora en que yo me tenía que ir porque tenía que dirigir la reunión del grupo de oración y apoyo. Hice lo mismo que había hecho cuando conocí a este matrimonio: oré para que Dios supliera sus necesidades más profundas. Jack estaba descansando completamente tranquilo, en estado de coma, pero yo sabía que Jeannette necesitaba que Dios le diera fuerzas.

Salí de su pequeña casa, donde la cama que el hospital había provisto para Jack estaba en la sala. Unos pocos minutos después, *por casualidad* el hijo, la hija y la hermana de Jack visitaron la casa. Luego llegó una amiga. *Por casualidad* ella había salido temprano del trabajo y pensó en Jack. *Por coincidencia*, resulta que ella es enfermera. Acompañó a Jeannette y la ayudó asegurándose de que Jack estuviera lo más cómodo posible. Ella estuvo allí, sosteniendo la mano de Jeannette cuando Jack dio su último suspiro en paz.

Nadie pensó que fuera una coincidencia.

Tenga ánimo: Su diagnóstico de cáncer no ha sorprendido a Dios; él está en control y sabe lo que usted necesita.

~"Tina"

Un vaso de agua fría

ANTES DE COMENZAR LA HISTORIA DE TINA, quiero recordarle que esta *es* una historia verídica. Le digo esto porque si no la conociera y viera su historia en una película por televisión podría decir que es algo bastante irreal.

No obstante, hay algo que sigo aprendiendo en mi trayectoria de fe: Dios no siempre hace las cosas de una forma en que se puedan explicar fácilmente. A veces hace cosas que no se pueden medir en un laboratorio de ciencia, o que no pueden ser examinadas bajo un microscopio. A veces Dios hace cosas que desafían las leyes naturales. Esta historia trata de una de esas veces.

En realidad todo comenzó de forma muy simple, con un vaso de agua fría en la oficina de nuestro médico. En la primavera del año 1994, antes de que yo empezara a trabajar con Marc, pasé por su oficina durante mi hora de almuerzo para visitar a alguien del grupo de oración y apoyo que iba a recibir un tratamiento de quimioterapia ese día. Llegué justo a la hora de la cita y planeaba hablar con ella por un momento, orar con ella y luego irme. Sin embargo, cuando llegué, me sentí desilusionada al descubrir que ese día en particular, Marc estaba atendiendo temprano a los pacientes y que ella ya había pasado a una de las salas de exámenes para hablar con él antes de su tratamiento.

Yo no estaba muy feliz con la forma en que las cosas estaban resultando. Se suponía que esta visita fuera corta, para poder regresar a mi "trabajo verdadero" de relaciones públicas en la cámara de comercio local. ¿Qué es lo que debía hacer entonces? Le había prometido a mi amiga que estaría allí, así que quería cumplir mi palabra. Me senté en un sillón color granate en la sala de espera y tomé una revista muy ajada. En seguida comencé una conversación mental conmigo misma.

Simplemente vete, dijo una voz. *Dijiste que vendrías y eso es lo que has hecho.*

Pero no la pude ver, protestó la otra voz.

Déjale una nota, contestó la primera voz. *Eso es suficiente.*

Pero le dije que la iba a ver, llegó la respuesta.

En ese instante dos mujeres entraron a la sala, lo cual interrumpió mis pensamientos. Traté de no quedarme mirándolas, pero no pude evitar notar que la más joven no se estaba sintiendo bien. Todavía estaba en pijamas y zapatillas. *Tal vez se siente demasiado débil como para vestirse*, pensé, recordando algunos días durante mi tratamiento cuando mi meta era estar vestida para la hora del almuerzo.

Mientras observaba la atención cuidadosa que la mujer mayor le ofrecía a la menor, concluí que la mayor era la madre de la paciente. Miré para otro lado y comencé a hojear la revista.

Mi diálogo previo continuó en mi cerebro y en más de una ocasión estuve lista para ponerme de pie y marcharme. No obstante, algo o Alguien parecía no dejarme ir. Levanté la vista y miré a las dos mujeres otra vez, y mientras lo hacía, sentí un impulso sobrecogedor de orar por la que estaba enferma. Bueno, quiero decirles que no soy una persona impulsiva, pero sentía mucha urgencia de ir donde estaba ella, poner mis manos sobre su cabeza y orar en voz alta por ella.

No puedo hacer eso, pensé, y en forma deliberada me apoltroné más profundamente en el mullido sillón. *¿Qué es lo que pensaría Marc si llegara y me viera "abordando" a una desconocida y orando por ella? ¿Qué pensaría ella si yo me acercaba de esa manera?* Decidí no hacerlo, pero no estaba segura si mi decisión se debía más a que no *quería* hacerlo, que a si no *debía* hacerlo.

Me cruzó un pensamiento por la mente: *Ella se puede morir.*

No se ve tan enferma. Probablemente solo se sienta mareada por el tratamiento, respondió la otra voz.

El pensamiento volvió: *Se puede morir. ¿Vas a orar por ella o no?*

Ahora yo estaba realmente incómoda. Tenía que orar por ella. No me pude detener. Todavía tenía demasiado miedo para acercarme a ella, aunque ella estaba sentada muy cerca de mi sillón. Así que en forma disimulada extendí mi mano derecha hacia ella, tapándola con la revista, y con los ojos muy abiertos comencé a interceder seriamente por ella, por su salud y por su vida. No recuerdo las palabras exactas, pero mi oración comenzó más o menos con estas palabras:

Padre celestial, oro a ti por esa joven muchacha.
No sé su nombre ni nada sobre ella.
Pero tú sabes todo acerca de ella y la amas.
Por favor, no permitas que muera sin conocerte y sin amarte.
Te pido que la sanes y que te reveles a ella.

Continué orando con fervor, preguntándome todo el tiempo si esa joven en realidad moriría, o si yo tenía una imaginación demasiado activa. Después de unos momentos, escuché que la joven le decía a la otra mujer: "Aquí hace mucho calor y tengo sed. Ojalá tuvieran una fuente aquí."

Antes de tener tiempo de pensar, dejé de orar y le dije:

—Sé dónde están el agua y los vasos. ¿Quiere que le traiga un vaso de agua?

—Claro que sí —me dijo ella con una sonrisa, la primera que le vi desde que había llegado.

Con rapidez fui a la sala de quimioterapia, donde las enfermeras me conocían de mis muchas visitas anteriores. Tomé un vaso y lo llené de agua fría. Me temblaban las manos mientras se lo llevaba a la joven; me sentía muy contenta de poder hacer algo para aliviarle aunque fuera un poquito su dolor. Aceptó el vaso con otra sonrisa y noté que sus ojos eran hermosos —grandes de color café— aun sin maquillaje.

En unos momentos se abrió la puerta de la sala de exámenes y salió la amiga que yo había estado esperando por tanto tiempo. Ella estaba muy contenta de que yo la hubiera esperado. Hablamos por un rato, luego oramos, y regresé a mi trabajo. Pensé que nunca más volvería a ver a la joven enferma de los ojos grandes y hermosos, pero todavía me preguntaba por qué había sentido tanta urgencia de orar por ella.

No pasó mucho tiempo sin que lo supiera.

Unos pocos días después, un viernes a fines de mayo, Marc me llamó por teléfono a mi casa.

—Me estoy preparando para viajar a un retiro todo el fin de semana —me explicó—. Tengo a una joven mujer internada en el hospital que no está nada bien. Tiene treinta y ocho años de edad, y cáncer de mama, pero en realidad no sé exactamente qué es lo que tiene ahora. Tiene tromboembolismo pulmonar, derrame pleural y el examen de hígado dio resultados anormales. Le estoy dando antibióticos, pero nada está dando resultado. No sé si va a sobrevivir y creo que le haría bien recibir apoyo ahora.

Marc agregó:

—No sé si es cristiana, pero me habló sobre una cosa sorprendente que le sucedió en el hospital. ¿Cree que podría ir a verla pronto? Le pregunté si estaría bien que la fuera a ver y ella me dijo que sí.

—Con mucho gusto la iré a ver —le dije, contenta de que hubiera pensado en mí, aunque no estaba muy segura del significado de todos esos términos médicos.

Eso sonaba muy lúgubre, así que decidí que lo mejor era ir lo antes posible. No teníamos planes para esa tarde, así que fui al hospital después de la cena, orando todo el camino.

No sé lo que esperaba ver cuando entré a la sala privada que se encontraba en el cuarto piso del hospital, pero por cierto que no esperaba lo que vi.

Allí, mirándome desde la cama, ¡vi aquellos grandes y bellos ojos! Ella también me reconoció, se sentó en la cama y con mucha alegría me dijo:

—¡Yo la conozco; usted es la señora con el vaso de agua fría!

—Yo la conozco —le respondí con la misma alegría—. Usted es la persona que estaba en la oficina del doctor Hirsh, que estaba muy enferma.

Las palabras me salían tan rápido como era capaz de decirlas.

—Yo quería acercarme para orar con usted, pero tuve temor, así que lo que hice fue solo orar por usted —le dije.

Le conté acerca de la urgencia irresistible de orar por ella e inclusive le dije que tenía miedo de que ella muriera.

—Casi morí —me dijo ella.

Acerqué una silla a su cama, ansiosa de escuchar su sorprendente historia.

Ella me dijo que Marc había ido a verla el miércoles y le había dicho francamente que su caso en realidad lo tenía perplejo. Él había hecho muchas cosas para que le bajara la fiebre y se le fuera la infección que tenía en los pulmones, pero nada daba resultado y él estaba muy preocupado. Habían hablado por algunos momentos acerca de ese dilema y luego él se había ido, cerrando la puerta tras de sí.

Entonces fue cuando lo vio, me dijo ella.

"Miré hacia la puerta y vi la silueta de una persona," dijo Tina. "Lentamente, la persona se volvió hacia mí y supe que era una visión de Jesús. Cuando estuvo frente a mí, cerró los ojos y lentamente asintió con la cabeza. No tengo idea de cómo lo sé, pero supe que iba a estar bien."

Me dijo que un momento después, Marc regresó a su sala.

"Me dijo que iba a llamar al especialista en enfermedades infecciosas para una consulta," dijo Tina. "Recuerdo haber pensado que el Señor le debe haber dado esa idea."

Ese día, el especialista vino a verla y se fue, luego de hacer algunos cambios en las medicinas que Tina estaba recibiendo, recuerda ella.

Durante todo ese tiempo, la visión permaneció en la puerta.

Tina dice que más tarde esa noche se estaba sintiendo terrible y estaba luchando contra una fiebre alta. Cuando miró hacia la puerta, tuvo temor de estar viendo alucinaciones.

"La puerta parecía como el telón de un cine. Fue como si cobrara vida," dice ella. La escena de la Última Cena: Jesús con sus discípulos lavándoles los pies, partiendo el pan, tomando el vino, le pasó como un relámpago delante de los ojos. Más tarde le describió esto a una de sus hermanas, quien tiene mucha fe. Su hermana le dijo que la descripción concordaba con el relato bíblico de la Última Cena, aunque Tina dice que ella no tenía familiaridad con eso en aquel tiempo.

Entonces la escena cambió al Viernes Santo.

"Estaban clavando a Jesús en la cruz y vi la corona de espinas en su cabeza," dijo ella. "Recuerdo haber pensado que Jesús me estaba mostrando que sufrió por nosotros. Yo estaba sentada, petrificada, observando eso. Me quedé boquiabierta. No podía creer que Dios se tomaría el tiempo para mostrarme todo eso. Después pensé que era raro que nadie hubiera venido a verme durante ese tiempo. Fue como que lo tenía que ver sin interrupciones."

Entonces, tan suavemente como había comenzado, la "pantalla de cine" dejó de rodar y la visión retornó a una sola figura cuidando la puerta, dijo ella.

Marc regresó y visitó a Tina el lunes. Las radiografías de los pulmones mostraron que ya no tenía pulmonía. Ambos pulmones estaban diáfanos y él le dio de alta ese mismo día.

Cinco años después, mientras rememorábamos ese fin de semana, Tina recuerda el asombro de Marc a su inexplicable cambio.

"Él no podía creer lo bien que me veía y que estuviera lo suficientemente bien como para darme de alta. Eso fue como un milagro," dijo ella. "No, no *como* un milagro, *¡fue un milagro!*"

No sé en cuanto a usted, pero yo nunca tuve una visión así, ni nada parecido. Tampoco me he recuperado tan notablemente de una enfermedad imposible de diagnosticar, pero conozco a muchas personas que han tenido visiones y recuperaciones sorprendentes, y creo en un Dios maravilloso que puede hacer ambas cosas.

En cualquier momento que él quiera.
En cualquier lugar que él quiera.
Y de la forma que él quiera.

Fíjese en la forma en que agrego las palabras "él quiera." Eso es porque mientras que Dios es un Dios de milagros, no creo que nosotros le digamos a Dios cuándo, dónde y de qué forma debería responder a nuestras necesidades.

Nosotros no somos los que estamos a cargo.
No insistimos en hacer las cosas a nuestra manera.
No exigimos milagros.
No designamos los milagros.
No reclamamos milagros.

Dios es soberano. Sus caminos no son nuestros caminos y sus pensamientos no son nuestros pensamientos (ver Isaías 55:8). A veces, nuestras oraciones son contestadas exactamente de la forma en que habíamos esperado y aún mejor de lo que habíamos soñado. No obstante, otras veces Dios no hace las cosas de acuerdo a lo que nosotros queremos.

A menudo la gente dice que él "es el mismo ayer, hoy y siempre" (Hebreos 13:8). Lo creo de todo corazón. Su *carácter* no cambia, pero la forma en que hace las cosas a veces varía.

Fíjese a través de la Biblia y verá que algunas veces Dios interviene milagrosamente y otras veces no.

Los apóstoles Pablo y Silas fueron librados milagrosamente de la prisión (esta historia se encuentra en la Biblia, en Hechos, capítulo 16), pero durante un encarcelamiento posterior, Pablo no fue puesto en libertad y finalmente fue enviado a Roma donde murió decapitado.

No se olvide de lo que le sucedió a Juan el Bautista, quien predicó la llegada del Mesías. Él no recibió una liberación milagrosa, sino que fue decapitado en la cárcel.

Cuando Esteban, quien era diácono de la iglesia primitiva, fue aprehendido y encarcelado, él no recibió una tarjeta milagrosa para "salir libre de la cárcel." En cambio, murió apedreado. (Sin embargo, sí recibió una visión milagrosa de Jesús y del cielo cuando estaba agonizando.)

Dios *es* el mismo.
El mismo Dios de amor.
El mismo Dios de misericordia.
El mismo Dios de justicia.
El mismo Dios de santidad.
El mismo Dios que puede hacer en nuestra vida las cosas
en forma tan diferente como lo desee.

Él no puede actuar en forma contraria a su carácter, pero no tiene que actuar de acuerdo a nuestros planes o de la misma forma cada vez en cada una de nuestras vidas.

Sé que hay personas que temen a Dios, que creen en la Biblia y que están llenas del Espíritu que le dirán algo diferente. Mi meta no es discutir con esas personas, sino alentarlo a usted con el hecho de que nuestro Dios infinito no está limitado por nuestros cerebros finitos. No podemos comprenderlo, no podemos descifrar ni entender completamente a Dios. Es demasiado formidable para eso.

Recuerdo que cuando asistía a la universidad alguien me dijo: "Si Dios fuera lo suficientemente pequeño para nuestras mentes, no sería lo suficientemente grande para nuestras necesidades." Para mí ese es un pensamiento muy reconfortante.

Debo ser sincera con usted y decirle que tres años después de su milagrosa sanidad física y de su maravillosa visión en mayo de 1994, Tina sufrió una recurrencia de su cáncer de mama, y ha permanecido entrando y saliendo de remisión desde entonces. ¿Por qué Dios no le quitó el cáncer por completo? No lo sé. ¿Por qué le dio un milagro de sanidad en aquella época y ahora no? No lo sé. Sin embargo, lo que sí sé es que Tina no es la misma persona que era desde aquel memorable fin de semana en el mes de mayo.

Cuando tuvo su visión en 1994, Tina tenía algún conocimiento de Dios, pero no lo conocía en forma personal.

"Creía en Dios, pero no oraba mucho ni leía la Biblia ni asistía a la iglesia," explica ella. "Mis creencias [espirituales] no eran muy firmes."

Toda la vida espiritual de Tina ha cambiado debido a esos milagros. Ella comenzó a orar más, a leer la Biblia, a asistir a servicios de adoración y a buscar la voluntad de Dios para su vida.

Una de esas oraciones fue que Dios le enviara un esposo, y en el verano del año 1996, se casó con Bryan, el hombre de sus sueños. Él, junto a la fe de ella, ha sido la roca a través de las recurrencias de cáncer.

"No me puedo imaginar pasar por todo esto sin mi esposo," dice ella.

Por cierto que no se puede imaginar luchar contra el cáncer sin la fortaleza que le da Dios.

No sé exactamente lo que Dios quiera hacer en su vida o en la vida de la persona que usted ama . . . y tampoco lo sabe usted.

Espero que ore por un milagro.
Espero que crea en un milagro.
Espero y oro y creo que puede recibir un milagro.

Sobre todo, lo que es más importante, sé que puede contar con que el Creador del universo lo ama con un amor eterno. Usted puede contar con que el Dios de todo consuelo nunca lo dejará ni lo desamparará. Puede contar con que el Príncipe de paz le quitará todo temor.

Eso es cierto. El Rey de reyes y Señor de señores hará eso por usted.

Me suena bastante milagroso.

Tenga ánimo: Dios todavía está en el negocio de hacer milagros hoy.

$$\sim Alice$$

"Usted es mi mejor amiga."

Sɪ USTED HA VISTO ALGUNA VEZ el antiguo programa de televisión titulado *Los Beverly ricos*, y recuerda al personaje de la valiente abuela Clampett, tendrá una imagen mental bastante buena de mi amiga Alice.

¿Recuerda la forma testaruda de hacer las cosas de la abuela? Hacía todo de forma peculiar y sorprendía a la gente tradicional, pero todo resultaba muy bien al final. Mi amiga Alice era igual. Ella era como del tamaño de su personaje homólogo de la televisión, y su cabello gris y largo estaba enrollado en un apretado moño. Su piel curtida hablaba de años de trabajo duro bajo el sol, y sus ojos azules todavía brillaban con picardía a pesar de que ella estaba cerca de los ochenta años de edad. Una vez que usted la conocía, jamás podía olvidarla.

Su casa quedaba en un camino por el que yo transitaba casi todos los días. Aun antes de conocerla, a menudo había mirado la destartalada casa de campo de dos pisos mientras me preguntaba quién viviría en un lugar tan sombrío. La pintura de la casa hacía mucho que había desaparecido y el dilapidado granero cercano estaba tan inclinado que yo siempre me imaginaba que podría derrumbarse mientras pasaba en mi pequeña furgoneta a toda velocidad. El terreno estaba cubierto de maleza muy alta con toda clase de basura, incluyendo una vieja casa rodante. Más tarde supe que la casa no tenía calefacción central, y que Alice y su esposo usaban un calentador de queroseno como calefacción.

De vez en cuando la había visto afuera cortando madera o arrancando maleza y me había preguntado quién era esa pequeña señora, balanceando un hacha tan grande. Nunca me hubiera imaginado que un día ella me llamaría su mejor amiga.

En la primavera de 1995, el mundo de Alice y el mío se encontraron.

Ella vino a la reunión del grupo de oración y apoyo para pacientes con cáncer con su hija Louise. En el estilo peculiar de la abuela Clampett, a Alice no le gustaban o no confiaba en personas que no conocía. Durante la etapa de las presentaciones, ella anunció firmemente que no sabía por qué había venido y que no iba a hablar. Tenía los brazos cruzados sobre el pecho.

Al observar la mirada de determinación en su rostro, decidí no discutir con ella. Pensé que estaba allí porque Dios la quería allí y que ella hablaría cuando estuviera lista para hacerlo. Con suavidad hice un par de preguntas y muy pronto descubrí que ella tenía "mi" clase de cáncer —de colon—, aunque el de ella estaba más avanzado y ya le había comprometido el hígado.

No obstante, aunque su exterior era duro, el corazón de Alice era tierno. No pasó mucho tiempo hasta que todos entramos en confianza y ella comenzó a hablar.

Alice siempre podía lograr que los miembros de nuestro grupo sonrieran y se rieran. Ella era la mayor en nuestro pequeño grupo, así que todos la veíamos como la abuela favorita. En muchas de las reuniones, ella fue la que más habló y a nosotros nos gustó que lo hiciera. A medida que intercambiábamos historias sobre los efectos secundarios de la quimioterapia y de la radiación, algunos de los miembros del grupo a veces hablaban sobre terapias no tradicionales que estaban experimentando: cosas como el cartílago de tiburón, té de hierbas o píldoras de ajo. Así que nadie pestañeó cuando Alice sugirió uno de sus remedios caseros:

Remojar nueces en whisky durante algunos días para aliviar la diarrea.

Mordisquear la pepa de un durazno para aliviar el ardor de estómago. "Sé que tiene laetrilo y eso es venenoso, pero no me hace ningún daño," dijo, y no se veía peor por usar esos remedios caseros.

Para problemas respiratorios, su recomendación era una mezcla de miel, limón, whisky y aceite de lino. "Si tiene algo en el pecho, eso lo hará salir," nos dijo, y su hija recuerda que parecía dar resultado cuando ella era niña.

También descubrimos que Alice había viajado por todo el mundo con Mary, su hija mayor, y disfrutamos las fotos de ella montando elefantes y camellos en lugares lejanos. Una vez me confió que si las cosas hubieran sido diferentes y hubiera podido terminar la secundaria y asistir a la universidad, habría estudiado geografía.

Alice y yo desarrollamos un vínculo especial, porque las dos tuvimos la misma clase de cáncer. Ella sentía que yo la entendía porque nuestras experiencias médicas eran muy similares.

Casi nada más acerca de nuestras vidas era igual. Me dijo lo que yo ya había podido deducir: que había tenido una vida dura. Me dijo que sus parientes, las personas que asistían a la iglesia y la comunidad en general la habían rechazado. Me dijo que alguien había tratado de incendiarle la casa para sacarlos del vecindario. Su esposo, un experto constructor de violines, perdió sus valiosos instrumentos y sus herramientas en ese incendio. Su único hijo tenía retraso mental y vivía en una casa especial con un grupo de pacientes. Su hija menor había nacido con un defecto que la había dejado lisiada y después recibió heridas graves en un accidente automovilístico. El esposo de Alice, amargado por su propia vida dura, a menudo hacía que la vida de ella fuera aún más desdichada.

La respuesta de ella fue rechazar a la mayoría de las personas y también a Dios.

No obstante, recuerda haber sentido "un gran amor por Dios" cuando tenía solo tres años de edad. No lo podía explicar con exactitud, pero sabía que quería conocer a Dios y que Dios la conociera a ella. De adulta, ella llevó fielmente a sus tres hijos a la iglesia hasta que se convirtieron en adolescentes.

Sin embargo, algo sucedió entonces en la iglesia que hizo que Alice sintiera que no era lo suficientemente buena y que no encajaba en ese lugar. Tal vez fuera su vestuario anticuado, o su dilapidada casa, o la desconfianza que les tenía a los desconocidos. Cualquiera que hubiera sido la razón, Alice no se sintió bien recibida y dejó de asistir a la iglesia por completo.

Cuando ella asistió a nuestro grupo de apoyo, que se reúne en una iglesia, fue la primera vez en décadas que ella entraba a una iglesia.

El cáncer tiene un modo extraño de poner a todo el mundo en el mismo plano. No importa si usted es rico o pobre, tiene un diploma universitario o no terminó la secundaria, si vive en una mansión o en una casa dilapidada. Todo el mundo es "lo suficientemente bueno" como para tener cáncer.

A medida que transcurría el tiempo, nuestra amistad se afianzaba más. Alice vivía muy cerca de mi casa, así que yo la llevaba a nuestras reuniones quincenales del grupo de apoyo. Algunas veces, los domingos en la mañana, la veía en nuestra iglesia y ella me sonreía.

En la primavera de 1996, le pedí que fuera mi invitada en el Banquete de Madres e Hijas de nuestra iglesia, puesto que mi madre vivía muy lejos y no podía venir.

Cuando llegué a su casa para recogerla, ella ya estaba esperando en su camioneta Toyota, en el frente, como siempre lo hacía. Yo le había dicho que no tenía que hacer eso, que yo la recogería en la puerta de su casa, pero ella insistía. Pensé que no quería que yo entrara a su casa, así que respeté su deseo. También pensé que ella estaría vestida con los gruesos pantalones que usaba siempre, su camisa de franela y sus botas de trabajo, pero yo no tenía problema alguno con eso.

Sin embargo, allí estaba ella como yo nunca la había visto. Su cabello se veía recién lavado y se había peinado con un suave moño en la nuca de su cabeza. Tenía puesto un conjunto de falda y suéter rosado brillante, acentuado por joyas que hacían juego. Detecté la fragancia suave de un perfume. Sonrió cuando me vio.

"Oh, se ve preciosa," le dije. Ahora su sonrisa era radiante. Me dio un marcador de libros hecho a ganchillo en forma de cruz, que había comprado de una amiga. Le di las gracias y le dije que lo pondría en mi Biblia, donde lo vería todos los días y pensaría en ella. No lo dijimos, pero ambas sabíamos que sin un milagro, ese sería su último Día de las Madres.

Es difícil explicar el orgullo que sentí por tener a Alice como mi invitada en el banquete aquella noche; sentí que era un honor que ella fuera mi "mamá" por una noche. Hablamos, nos reímos y aplaudimos cuando ganó un premio por ser la madre mayor allí. Sabía que la velada la estaba cansando, pero yo no quería que terminara.

Cuando la llamé a la mañana siguiente, me dijo que había dormido profundamente y en paz esa noche, mejor que en muchos meses.

Otra cosa buena que hace el cáncer es que ayuda a que la persona se enfoque en las cosas importantes de la vida, cosas como: *¿Hay vida después de la muerte, y dónde será esa vida?* Alice y yo hablamos muchas veces de esos asuntos importantes. Ella me dijo que había tratado de vivir una vida buena y que si había sido lo suficientemente buena, pensaba que iría al cielo, y que si no, entonces no iría. Era así de simple.

Le pregunté si quería saber lo que dice la Biblia acerca de ir al cielo y me dijo que sí. Compartí con ella Efesios 2:8-9: "Dios los salvó por su gracia cuando creyeron. Ustedes no tienen ningún mérito en eso; es un regalo de Dios. La salvación no es un premio por las cosas buenas que hayamos hecho, así que ninguno de nosotros puede jactarse de ser salvo."

Le expliqué que la Biblia dice que nadie es lo *suficientemente bueno* como para ir al cielo, pero que *cualquier persona* puede llegar al cielo si se aparta del pecado, cree que Jesús murió en la cruz por nuestros pecados y acepta el don gratuito de la vida eterna que él nos da.

Muy pronto, Alice se dio cuenta de que ella podía tener la seguridad de que iría al cielo, no por lo que ella había hecho por Dios, sino por lo que él había hecho por ella.

Poco después de esa conversación, Alice me dijo que una noche no pudo dormir debido al dolor.

Mientras yacía acostada en el sofá en el piso de abajo, demasiado débil como para subir la escalera e ir a su dormitorio, escuchó una Voz que le decía: "Levanta la mano hacia Dios." Así que ella estiró su pequeño y delgado brazo y levantó la mano, con la palma hacia arriba, hacia el cielo, en un acto de entregarle a Dios su dolor físico y emocional. Se le llenaron los ojos de lágrimas mientras me contaba la historia. Me dijo que el dolor se le había ido en forma tan misteriosa como la Voz había llegado, y que entonces un sueño dulce y pacífico la había invadido.

No puedo explicar por qué Dios respondió a esa oración y solo le quitó el dolor a Alice aquella noche y no todas las noches en que no podía dormir, pero sé que aquella noche, el Dios del universo escuchó la oración de una mujer que, según el estándar del mundo, tenía muy poco, y le dejó saber que la amaba tal como era ella.

La última vez que tuve una conversación larga con Alice fue un domingo por la tarde en octubre de 1996. Leímos juntas algunos Salmos y me dijo que estaba lista para ir a su hogar con Dios.

—Amo a Dios —me repetía una y otra vez, aunque apenas tenía fuerzas para hablar.

—Él también la ama—le respondí, agradecida de que ella hubiera encontrado el camino para llegar a Dios.

No puedo recordar la primera vez que Alice me lo dijo, solo recuerdo el sentimiento de asombro y gratitud que esas palabras despertaron en mi corazón cuando me dijo: "Usted es mi mejor amiga." Yo sabía que ella me lo decía de verdad. Alice no se andaba con rodeos. No decía nada para adular a la gente. Aquel momento me hizo sentir muy humilde.

La mejor amiga de Alice.

Yo tenía tantas amigas que no había suficientes horas en el día para estar con todas ellas. Tantas amigas íntimas que odiaría tener que elegir a una como mi "mejor amiga." Yo había hecho tan poco por y con Alice que me sentí avergonzada por su declaración. Por cierto que no había hecho lo suficiente para ganar el codiciado lugar de mejor amiga. Era algo que no merecía, sin ninguna condición . . . igual que el amor del Padre por todos nosotros.

Resistí la tentación de protestar.

En cambio, le di las gracias y abracé su pequeño y frágil cuerpo.

Le dije que la amaba y que sería mi amiga para siempre.

¿Siente usted, al igual que Alice, que no es lo suficientemente bueno para Dios? Tal vez aún sienta que no es lo suficientemente bueno y que es *por eso* que tiene cáncer. En los dos primeros días después de mi diagnóstico de cáncer, el diablo me trajo a la mente toda clase de pecados que había cometido y toda clase de buenas obras que no había hecho.

Me sentí sola.
Sin valor alguno.
Condenada.
Derrotada.
Insuficientemente buena.

En cierto momento, me sentía tan desanimada que le dije a mi esposo: "Creo que Dios en realidad no me ama." No recuerdo haberlo dicho y aun ahora casi no puedo creer que hubiera estado tan abatida, pero así fue.

Creí inclusive que no era "lo suficientemente buena" como para que Dios me sanara físicamente. Nunca dudé de que Dios me *podría* sanar, pero no creía que él quisiera hacerlo.

"Todo el mundo oró por la primera esposa de Ralph y todavía así ella murió," una voz malvada me susurró al oído. "Tú no crees que eres mejor que ella, ¿verdad? Si ella no fue lo suficientemente buena como para ser sanada, por cierto que tú tampoco lo eres."

Gracias a Dios, mi buena amiga Sheila me vino a ver durante ese tiempo y me explicó que mi lucha contra el cáncer era tanto una lucha espiritual como física y que yo debía recordar lo que dice Efesios 6:16 en cuanto a las luchas: "Levanten el escudo de la fe para detener las flechas encendidas del diablo." Esas "flechas encendidas" a menudo incluyen la depresión, la soledad, el temor, la ansiedad y la desesperación; todas emociones comunes de la gente que enfrenta enfermedades que ponen en peligro la vida.

Sheila oró conmigo y me recordó lo que yo sabía en mi intelecto, pero no sentía en el corazón: el amor y la presencia de Dios en nuestra vida no se basan en si somos "lo suficientemente buenos"; son dones, regalos que no tienen ninguna condición.

En forma lenta pero continua, comencé a sentir nuevamente el amor de Dios y a entender que mi oración pidiendo sanidad no iba a ser contestada como una recompensa al buen comportamiento.

Así que le recuerdo hoy, usted *no* tiene cáncer porque no fue lo suficientemente bueno y *no* necesita hacer algo especial para ganar o merecer que Dios lo sane. No trate de negociar con Dios tratando de ser mejor de lo que era, con la esperanza de que Dios extienda su mano y lo sane del cáncer. Yo he visto que él ha sanado a personas que después ni siquiera se lo agradecieron y también he visto personas realmente "buenas" que no recibieron sanidad en la tierra.

La forma en que Dios se siente en cuanto a usted es la forma en que Alice se sintió acerca de mí: él se considera su mejor amigo. No hay nada que usted pueda hacer para lograr que Dios lo ame más —o menos— de lo que ya lo ama. Él probó eso hace mucho tiempo:

"En esto consiste el amor verdadero: no en que nosotros hayamos amado a Dios, sino en que él nos amó a nosotros y envió a su Hijo como sacrificio para quitar nuestros pecados" (1 Juan 4:10).

Tenga ánimo: El cáncer no es un castigo por mal comportamiento, ni es la sanidad una recompensa por buena conducta. El amor de Dios por usted no tiene condiciones.

El otro "cáncer"

NO SÉ CUÁNTO TIEMPO USTED HAYA TENIDO CÁNCER o cuántos diagnósticos de cáncer le hayan dado —conozco a algunas personas que han sobrevivido a tres o cuatro formas diferentes de cáncer— pero esta historia es acerca de un hombre con dos clases distintas de cáncer.

Uno de ellos lo tuvo por quince años y el otro "cáncer" por más de cuarenta. Uno era en el cuerpo y el otro le estaba carcomiendo el alma.

Uno de ellos no se lo sanó Dios, pero el otro se lo sanó en forma milagrosa.

Un cáncer le hizo sentir a ese hombre que no necesitaba la ayuda de nadie, el otro lo hizo darse cuenta de lo mucho que en realidad la necesitaba.

Estos dos tipos de cáncer me mostraron de nuevo que la bendición puede llegar cuando se produce un encuentro entre Dios y el cáncer.

Nunca hubiera conocido a Lyle si no hubiera sido por el hecho de que yo estaba "por casualidad" en el segundo piso del hospital aquel día del mes de noviembre de 1997, y *por casualidad* vi a una enfermera que me conocía y quien *por casualidad* le había hablado al médico de cabecera de Lyle acerca de mí.

"Lyle tiene más de setenta años y le diagnosticaron leucemia hace unos quince años, pero ahora se encuentra en la última fase," me dijo la enfermera. "El médico le acaba de decir que se vaya a su casa y ponga sus asuntos en orden, y creo que el médico quería que usted le hablara acerca de prepararse para morir."

Fantástico, pensé en forma sarcástica. *Sí, cómo no. ¿Un hombre que se está muriendo y no me conoce va a querer hablar conmigo acerca de un tema tan personal?*

Me sentí muy inadecuada para esa tarea, así como reacia a inmiscuirme en un momento tan privado en la vida de una persona. No obstante, dejando de lado esos sentimientos, elevé una corta oración pidiendo sabiduría y caminé hacia la sala privada que tenía el número que la enfermera me acababa de dar.

Lyle estaba acostado y fue obvio para mí, aunque no tengo adiestramiento médico, que él estaba muy enfermo. Se veía delgado, pálido y fatigado, mientras yacía en la cama, recostado sobre las almohadas. Lo que no fue obvio para mí era que él estaba ocultando un dolor emocional que también lo estaba afectando adversamente.

Su médico de cabecera estaba en la sala y me presentó como alguien que tal vez lo podría ayudar a "prepararse para morir." Hablaron sobre la posibilidad de consultar con un hospicio y luego el médico nos dejó solos.

Fue un momento extraño. Cuando alguien está cerca del fin de la vida, considero un privilegio especial que se me permita compartir esos momentos personales, y yo no estaba segura de que ese caballero en realidad quisiera que yo estuviera allí. Me dijo que no se sentía bien, así que le sugerí que podía regresar al día siguiente para hablar más. Él estuvo de acuerdo y yo hice una corta oración con él antes de irme. El primer sentimiento que tuve fue de alivio.

Aunque soy una persona a quien le gusta tratar con la gente, también estoy consciente de que no todo el mundo es así, y no quiero que me perciban como alguien que quiere entrometerse en la vida de una persona enferma y hacer que él o ella se sienta peor. (Como la bienintencionada desconocida que se presentó en mi casa unos pocos días después de mi operación y procedió a explicarme que si yo hubiera tomado la marca de vitaminas que tomaba *ella*, no me hubiera enfermado de cáncer.)

Cuando salí de la sala de Lyle, pasé por la puerta y comencé a bajar las escaleras, me sobrecogió un sentimiento que solo puedo describir como un sentimiento de expectativa.

Conozco a muchas personas que tienen esa clase de sentimientos acerca de algo, pero yo no soy así. Aunque siento empatía y me preocupo por la gente, mi cerebro es lo que tiende a predominar la mayor parte del tiempo. Así que cuando siento algo como esto, sé que proviene de Dios.

Yo no tenía ninguna razón lógica, pero sentí que Dios quería hacer algo realmente especial en la vida de Lyle. Me apresuré a bajar las escaleras, orando por Lyle y creyendo que él iba a experimentar lo que yo llamo un "encuentro divino," uno de esos encuentros que Dios dispone en el tiempo, el momento y el lugar oportunos para mostrar su poder en la vida de una persona.

Cuando llegué a mi oficina, con mucho entusiasmo le conté a Marc acerca del encuentro que tuve "por casualidad" y sobre mis sentimientos de que Dios quería obrar en la vida de ese hombre. Más tarde ese día compartí la historia con mi esposo y con Elizabeth, la esposa de Marc, y les pedí a los dos que comenzaran a orar por Lyle. Ha sido una bendición especial para mí que Elizabeth sea mi compañera de oración desde hace varios años (mi esposo y el esposo de ella también oran juntos en forma regular). Nosotras nos reunimos todas las semanas y juntas le pedimos a Dios un toque especial en la vida de los pacientes.

Al día siguiente me apresuré para llegar al hospital a la hora señalada, pero Lyle me dijo que todavía no se sentía muy bien. Le dejé un libro devocional escrito principalmente para personas que están enfermas, y oré con él y con su esposa. Me sentí desilusionada y me pregunté si tal vez él estaba poniendo excusas para no hablar conmigo. Regresé a su sala unos pocos días después y recibí una recepción similar.

Tal vez debería dejar en paz a este pobre hombre, pensé mientras me iba, después de pasar unos pocos momentos allí. Sin embargo, todavía no podía deshacerme del sentimiento de que Dios tenía preparado algo especial para él. Así que continué orando y pidiéndoles a otras personas que también oraran por él.

Habían pasado trece días desde que me presentaron a Lyle. Yo sabía que su leucemia linfocítica crónica estaba en la fase final y que le quedaba muy poco tiempo. Decidí que iba a ir a visitarlo una vez más.

Esta vez parecía que Lyle quería hablar. Me dijo que su vecino *en forma casual* le había mencionado que me conocía y que le había dicho que yo sería una persona buena con quien hablar. De inmediato comencé a sentir que no me estaba inmiscuyendo y que en realidad él no se había sentido bien cuando lo visité anteriormente. Lyle me pidió consejo en cuanto a lo que debería hacer cuando regresara a su hogar.

Por cierto que no soy ni consejera profesional ni trabajadora social, pero he transitado este camino con muchas personas y he aprendido algunas cosas.

Le pregunté cuáles eran las cosas prácticas que ya había hecho en cuanto a su inminente partida de esta vida. En forma detallada me dijo los pasos que había dado en cuanto a su testamento, los arreglos para su funeral e información que su esposa debería tener una vez que él ya no estuviera en este mundo. Cada vez que le sugería algo que debería hacer, él ya lo había hecho. Me di cuenta de que era una persona responsable y amorosa. Él quiso asegurarse de que sus hijos tuvieran recuerdos de él y de que su esposa tuviera instrucciones claras acerca de las esferas de responsabilidad con las que tendría que lidiar.

No pude pensar en nada que agregar a su metódica lista. Él inclusive estaba usando ese tiempo para despedirse de sus amigos y familiares, y se aseguró de que cosas importantes no fueran a quedar sin decir.

"Parece que su diagnóstico fue un don," le dije con suavidad. "Mucha gente muere en forma repentina, pero a usted se le ha dado la oportunidad de prepararse y de arreglar las cosas antes de irse de esta vida."

Él estuvo de acuerdo y me dijo que había estado tratando de ver las cosas de esa manera. Entonces le formulé una pregunta que a menudo les hago a los pacientes con cáncer: "¿Cómo se siente en cuanto a estar listo espiritualmente para morir?"

Al principio pensé que él no había entendido mi pregunta porque comenzó a hablar en voz baja de un incidente que había ocurrido hacía más de cuarenta años, pero pronto me di cuenta de que él se estaba desahogando al hablar conmigo de otro "cáncer" que le estaba carcomiendo el alma.

Procedió a hablarme de un incidente que había ocurrido en la década de 1950, cuando era miembro de la junta directiva de una iglesia en otro estado del país. Había un asunto referente al pastor, sobre el cual Lyle, en ese entonces un hombre de poco más de treinta años, había hablado en una reunión, porque nadie más había tenido el valor de decir lo que pensaba. Me dijo que hizo sus comentarios pensando en lo que era mejor para el pastor. No obstante, el pastor tomó las cosas mal y al domingo siguiente, cuando Lyle pasó por la fila de recepción después del servicio, el pastor ni le dio la mano ni habló con él.

Las cosas continuaron igual por unos dos meses más, y Lyle continuó sintiéndose más herido con cada semana que pasaba. Finalmente, no pudo soportar más el rechazo y se fue de la iglesia. Esta historia no es muy sorprendente y es triste que suceda en congregaciones alrededor del país todas las semanas.

Sin embargo, fue lo que sucedió a continuación, o mejor dicho lo que no sucedió, lo que le carcomía el alma a este hombre que se estaba muriendo.

Lyle *nunca más* formó parte de otra congregación. Él y su esposa a menudo hablaban de que *deberían* ir a la iglesia, pero el dolor que habían experimentado en esa otra iglesia eran tan fuerte que no querían arriesgarse a ser heridos tan profundamente otra vez. Así que siguieron adelante en la vida y no abandonaron nunca su fe en Dios, pero tampoco nunca lo adoraron con otras personas ni compartieron sus dones con otros creyentes en una congregación.

"No le puedo decir lo triste que estoy de no haber asistido a una iglesia por tanto tiempo," me dijo Lyle mientras una lágrima le rodaba por su arrugada mejilla. "Yo todavía conozco a Dios, pero ha pasado tanto tiempo que me temo que él no me conozca a mí.

"Tengo miedo de no ir al cielo porque he estado alejado por mucho tiempo," me dijo con la voz entrecortada por la emoción. "Ni siquiera he hablado de esto con nadie por más de veinte años."

No puedo recordar todo lo que le dije a mi nuevo amigo, pero no tuve duda alguna de que este era el momento de anticipación que había sentido y por el que había orado desde hacía casi dos semanas.

Le pregunté si me podía sentar a su lado en la cama y las palabras comenzaron a fluir de mis labios. Le pregunté cómo pensaba que las personas llegan al cielo, y con exactitud me explicó que debemos poner nuestra fe y confianza en Jesús y en lo que él hizo por nosotros en la cruz, para luego vivir de acuerdo a lo que creemos. Yo sabía que él había hecho ambas cosas, pero que había un asunto que él tenía que arreglar con Dios. Yo no tenía duda de que Dios lo perdonaría. Solo esperaba que Lyle se perdonara a sí mismo.

Hablamos acerca del amor incondicional de Dios, de su maravillosa gracia y de que nunca es demasiado tarde para volvernos a Dios. Hablamos de que Lyle tenía que perdonarse a sí mismo y permitir que Dios también lo perdonara por no haber sido fiel a la iglesia durante esas cuatro décadas. A esas alturas, las lágrimas le corrían por el rostro. Hablamos sobre la historia del hijo pródigo y de la forma en que el padre esperaba con los brazos abiertos que su hijo rebelde regresara al hogar.

"Lyle, Dios lo está esperando," le dije. "Usted no puede borrar los cuarenta años pasados, pero puede asegurarse de que el tiempo que le queda sea diferente."

Oré con él probablemente una de las oraciones emocionalmente más intensas que jamás haya orado con alguna persona, mientras ese hombre quebrantado, que se estaba muriendo, se aferraba a mis manos y lloraba como un bebé. Oramos pidiendo perdón por las cosas que no había hecho y que debería haber hecho, y oramos para que él perdonara al pastor que lo había herido. Oramos pidiendo que él pudiera usar el tiempo que le quedaba para continuar sirviendo a Dios, y oramos para que Dios tomara todo este sufrimiento y lo usara para el bien en la vida de Lyle.

"Eso es lo que quiero hacer; quiero acercarme más a Dios," dijo cuando terminé de orar.

Yo nunca antes había visto a nadie llorar desahogándose de cuarenta años de culpa y de no haber perdonado. Quiero decirle a usted que es algo maravilloso ver a una persona que acaba de ser perdonada, y librada de una prisión que ella misma se ha construido, ir directamente a los amorosos brazos de su Creador.

Finalmente, nuestras lágrimas comenzaron a disminuir y yo salí de la sala.

Más tarde continué pensando que Lyle me había dicho que no tenía un pastor que predicara en su funeral. Le pregunté a mi esposo, quien es pastor, si podría hacerlo. Él estuvo de acuerdo, así que unos pocos días más tarde llamé por teléfono a la casa de Lyle y hablé con su esposa. Ella me dijo que apreciaba la oferta, pero que eso no era necesario.

Desde que yo lo había visto, Lyle se había puesto en contacto con un pastor que conocía desde hacía más de cincuenta años (ese hombre tenía ahora más de ochenta años), y había ido con su propio pastor a visitar a Lyle. Los dos pastores se pusieron de acuerdo para hacer el funeral de Lyle juntos cuando llegara el momento.

Nueve días más tarde —muchos años después de su diagnóstico inicial de cáncer, pero justo un mes después de nuestra primera reunión—, Lyle murió.

En su funeral, me gustó mucho escuchar al pastor mayor hablar acerca de Lyle y de cómo habían reiniciado su amistad poco antes de la muerte de Lyle, y de cómo él se había acercado a Dios de manera muy especial durante sus últimos días.

Lo que más me gustó fue saber que tuve el maravilloso privilegio de ver cómo Dios le mostró a Lyle que nunca es demasiado tarde para perdonar y ser perdonado.

Una de las frases que Lyle me dijo en la sala del hospital aquel día del encuentro divino continúa resonándome en la mente: "No puedo creer que haya dejado el cuerpo de Cristo."

Él lo decía una y otra vez, sorprendido todavía de que él, un "pilar" en la iglesia, se había apartado de la familia de Dios y había permanecido alejado por más de la mitad de su vida. Era lo que más lamentaba en la vida.

Eso me hizo recordar a otro paciente con cáncer a quien mi esposo le había ministrado después de que nuestro médico y amigo mutuo los había presentado. Esa persona, que era un hombre de negocios de mucho éxito y quien tenía un hogar y una familia encantadores, dijo que algo que lamentaba era haber descuidado su vida espiritual. Él también se había perdido el gozo de adorar a Dios, en confraternidad y servicio junto con otros creyentes. Ese hombre pasó sus últimas semanas leyendo las Escrituras con mi esposo y tratando de recuperar el tiempo perdido mientras establecía una relación con Dios. Para él, ese fue un tiempo agridulce.

Yo no tenía idea de que escribiría este libro cuando conocí a Lyle, pero si hubiera hablado con él sobre eso, estoy segura de que me hubiera pedido que les implorara a los lectores que no dejaran que nada los apartara de ser parte de una congregación en la cual pudieran crecer en su fe y de ayudar a otros a hacer lo mismo. Lyle se dio cuenta, casi demasiado tarde, de que no fuimos creados para ser "llaneros solitarios," sino que fuimos creados para vivir en comunidad.

¿Es usted parte de la familia de Dios?

No le estoy preguntando si irá al cielo. Lo que quiero decir es, si es parte de la familia de Dios ahora, aquí en la tierra. ¿Tiene un lugar donde adorar a Dios, donde se enseña la Biblia, donde las vidas son cambiadas y los que tienen necesidades reciben la ayuda que necesitan? ¿Hay personas que oran en forma regular por usted, lo alientan con la Palabra de Dios y lo ayudan con cualquier necesidad práctica que tenga en la vida? Si no es así, usted se está perdiendo uno de los dones más grandes de Dios en la tierra.

Sé que en las iglesias hay hipócritas y sé que hay predicadores deshonestos y cualquier otra cosa inapropiada que usted se pueda imaginar, pero no deje que los fracasos de otras personas lo aparten de la verdad de que hemos sido creados para vivir en comunidad.

El apóstol Pablo explica esta verdad en 1 Corintios 12:12, 26: "El cuerpo humano tiene muchas partes, pero las muchas partes forman un cuerpo entero. Lo mismo sucede con el cuerpo de Cristo. . . . Si una parte sufre, las demás partes sufren con ella y, si a una parte se le da honra, todas las partes se alegran."

Nos necesitamos los unos a los otros; esa es una lección que el cáncer nos muestra con mucha rapidez. Una de las cosas más tristes que veo es a pacientes con cáncer que no tienen una "familia espiritual" que los ayude a través de los tiempos difíciles. Después de que recibí el diagnóstico de cáncer, recuerdo haber pensado: *Bueno, hay una cosa buena en cuanto al tiempo de esto: no puedo pensar en una iglesia mejor que la mía. Sé que van a cuidar de mi esposo y de mis hijas.* Eso fue lo que hizo la iglesia. Nos trajeron comidas hechas en casa (incluyendo postres, cosa que yo nunca le había dado a mi familia), cuidaron a mis hijas, me enviaron cientos de tarjetas y oraron fervientemente por mi sanidad. No me puedo imaginar haber pasado por mi lucha contra el cáncer sin ellos.

Si usted no es parte de una congregación porque ha sido herido en el pasado —o por cualquier otra razón—, oro para que no haya nada que le impida encontrar un lugar de adoración. Hebreos 10:25 nos amonesta a que "no dejemos de congregarnos, como lo hacen algunos."

Dios quiere tocarlo a través de su familia. Él quiere que usted toque a otras personas de la misma manera. No pierda cuarenta años como hizo mi amigo Lyle. Casi fue demasiado tarde cuando finalmente vio la verdad.

Si usted es parte de una congregación que crece y donde reina el amor, oro para que haga dos cosas:

1. Deje que la gente lo cuide, y
2. Continúe dando de la forma en que puede hacerlo.

Permitir que la gente lo cuide puede ser difícil. A menudo, a la gente le es más fácil dar que recibir y el cáncer lo somete a la segunda categoría, más de lo que es probable que le guste.

A los dos días de haber recibido el diagnóstico de que tenía cáncer, ya no me gustaba estar en el lado de recibir. La gente ofrecía hacer cosas por mí y yo no quería dejárselas hacer, aunque estaba muy débil físicamente por todas las "limpiezas" que mi cuerpo había sufrido mientras trataban de diagnosticar mi problema. Un día, Sheila, quien era miembro de la iglesia, me aclaró las cosas en cuanto a los que dan y a los que reciben. Me llamó para ofrecerme venir a mi casa, limpiar los baños y poner sábanas en la cama del cuarto de huéspedes, porque mis padres iban a venir desde Ohio para estar con nosotros cuando me operaran.

"De ninguna manera," le dije. "¡No puedo dejar que me limpies los baños!"

Ella continuó insistiendo y yo continué con mis argumentos. Finalmente, ella le puso fin a mis protestas aquel día y por el resto de los años con su sabiduría: "No me robes el gozo de hacer esto por ti."

¡Ay! Nunca lo había considerado de esa manera. Por cierto que yo sentía gozo haciendo cosas por otras personas, pero ¡nunca había pensado en darles gozo a otros al permitirles hacer algo por mí!

Dispuse el limpiador de inodoros, el cepillo y las sábanas para cuando llegara Sheila.

Hacer algo por la familia de Dios puede ser difícil cuando se está pasando por una crisis de salud.

Mi querida amiga Judy, quien recibió quimioterapia conmigo en el año 1990 y enfrentó una recurrencia del cáncer seis años más tarde, es miembro fiel de una iglesia local grande. Poco a poco, ella tuvo que desistir de todos los ministerios en los que estaba involucrada en su iglesia. Finalmente, no pudo hacer ninguna de las cosas que había hecho, así que encontró un ministerio nuevo.

Ella envía boletines informativos a los padres de bebés recién nacidos. Cada tres semanas, envía otra carta de aliento a los nuevos padres. Las cartas ya están impresas, así que lo único que tiene que hacer es ponerles el nombre y la dirección, y enviarlas por correo en el tiempo indicado. Ella puede hacer esto mientras está recostada en el sofá, con su bata de casa, si necesita hacerlo así. Judy dice que no es mucho, pero estoy segura de que es algo que los padres de bebés recién nacidos aprecian.

Yo estoy segura de que, de la forma maravillosa en que Dios hace las cosas, esas cartas con información a menudo llegan en el momento oportuno para alegrar a una madre desalentada o a un papá frustrado. Estoy segura de que Judy bendice a decenas de personas sin siquiera salir de su casa. Ella se ha preocupado por continuar siendo fiel a su iglesia. Algo "tan pequeño" como el cáncer no le va a impedir contribuir.

Quisiera haber conocido a Lyle cuando estaba sano, y quisiera que él hubiera asistido a mi iglesia, pero yo no lo conocí en ese entonces y él nunca asistió a mi iglesia. Nunca se sintió lo suficientemente bien como para asistir a un servicio de adoración, pero estoy muy agradecida de que un día lo voy a ver de nuevo, él va a estar sano y formaremos parte de la misma congregación celestial para siempre.

Tenga ánimo: La familia de Dios es un don de Dios, especialmente para tiempos como este.

～*Doris*

"No es el milagro por el cual oramos."

PARA LOS PACIENTES CON CÁNCER y para las personas que los cuidan, la vida puede dividirse en dos partes: a.C. (antes del cáncer) y d.C. (después del cáncer).

Yo conocí a Doris a.C. De hecho, ella es la única persona en este libro a quien conocí antes y después del cáncer.

Mi último recuerdo feliz a.C. de Doris fue en noviembre de 1996, cuando estábamos participando con un grupo de mujeres de nuestra iglesia del anual día de compras antes de la Navidad, en los centros comerciales de la zona. A mí en realidad no me gusta ir de compras, menos en sábado, cuando hay mucha gente comprando, pero voy todos los años porque disfruto de la comida y de la confraternidad. (Participé incluso mientras me estaban dando los tratamientos de quimioterapia, aunque recuerdo que ¡pasé la mayor parte de ese día en los baños y sentada en los bancos del lugar!)

Había llegado la hora de nuestro tiempo tradicional para hacer una pausa e ir a cenar a un restaurante mexicano que quedaba convenientemente ubicado entre dos grandes centros comerciales. Yo estaba sentada al lado de Doris, quien es un par de años menor que yo y tiene tres hijas de casi la misma edad que mis hijas. Sin embargo, aquella tarde estábamos actuando más como jovencitas de los primeros años de la secundaria que como madres adultas.

Todas notamos a un caballero de rostro amargado que estaba sentado en la mesa contigua a la nuestra y parecía muy aburrido. Una de las mujeres de nuestro grupo dijo que pensaba que podría lograr que el hombre sonriera. Karen tiene la habilidad de hacer reír a la gente. Ella le pidió prestado a Doris un lápiz rojo de labios y un espejito, y comenzó a embadurnarse de rojo alrededor de los labios. Luego se volvió hacia el triste caballero, esperó hasta que él la mirara y le dio una gran sonrisa. Él no sonrió, pero nosotras nos reímos a carcajadas. Yo pensé que Doris se iba a ahogar por reírse tan fuerte.

Cuatro días después no había nada de que reírse en la vida de Doris.

Tuvo una convulsión mientras hablaba por teléfono con una amiga íntima. La llevaron en ambulancia al hospital más cercano, donde una tomografía del cerebro mostró un tumor cerca de la oreja derecha, del tamaño de una pelota de golf. Una biopsia proporcionó un pronóstico poco alentador. Era un glioblastoma multiforme, fase IV, que es la forma más agresiva y mortal de cáncer al cerebro.

Un médico le dijo que probablemente le quedaban seis meses de vida.

Mientras escribo este capítulo, eso sucedió hace *tres años*. El mes pasado, ella se fue de vacaciones a la playa con su familia. El domingo pasado, ella estaba en el servicio de adoración de la iglesia y la semana pasada, ella tomó té conmigo en su porche.

Ese médico estuvo equivocado por un factor de por lo menos seis veces. Eso es porque ni el médico (cualquier médico que sea), ni el paciente están en control cuando se trata de d.C. (después del cáncer). Solo Dios sabe eso. Gracias a que por fe sabemos Quién sabe lo que nos espera en el futuro, podemos descansar en su amor sin importar las predicciones que se hayan hecho, o las complicaciones que se puedan presentar.

Las probabilidades son que usted no tendrá que pasar por nada ni remotamente similar a lo que Doris ha sufrido, pero creo que usted va a sentirse inspirado por el maravilloso toque de Dios en la vida de ella. Si es que le ha tocado caminar por un sendero como el de Doris, creo que se sentirá alentado de ver cómo, contra viento y marea, Dios la está llevando por ese camino.

Sabemos que ella recibió un milagro, aun si no es el milagro por el cual oramos.

Antes de recibir el diagnóstico de cáncer, Doris era la que dirigía los programas especiales de música en nuestra iglesia: producciones complicadas de música y teatro, que por lo general llenan el auditorio de la secundaria local, con capacidad para novecientas personas, dos veces durante la Navidad y la Pascua de Resurrección. También dirigía nuestra Escuela Bíblica de Vacaciones cada verano, en las que algunos cientos de niños vienen a nuestra iglesia para una semana de historias bíblicas, trabajos manuales y juegos. Doris era, y todavía es, una persona muy bien conocida y amada en nuestra iglesia y en nuestra comunidad. No había cientos de personas orando por su sanidad, había *miles* de personas orando por su sanidad.

Todas esas personas creían que Dios podía hacer un milagro de sanidad completa.
Yo creía que Dios podía hacer un milagro de sanidad completa.
Doris creía que Dios podía hacer un milagro de sanidad completa.

"Recuerdo cuando oré en el hospital después de que me dijeron que tenía un tumor en el cerebro," dijo ella. "Oré: 'Dios, no estoy lista para irme de este mundo todavía. Quiero ver a mis hijas cuando se casen. Quiero sentarme en la primera fila cuando las tres se gradúen y quiero tener en mis brazos a mis nietos. Necesito más tiempo.'"

Los médicos trataron de lograr que Doris tuviera más tiempo por medio de tratamientos diarios de radiación designados para alcanzar los tentáculos que quedaron del tumor, que los neurocirujanos no pudieron tocar por temor a que ella quedara con daños cerebrales permanentes.

Cerca de la mitad de las seis semanas de tratamiento, Doris comenzó a tener convulsiones y algún impedimento en sus movimientos. El tumor mortal estaba creciendo. Solo habían pasado unos dos meses desde la primera operación al cerebro, pero debido a que había sanado tan bien y a que no había otro recurso, el cirujano la operó otra vez. Le colocaron unas láminas experimentales de quimioterapia, de más o menos dieciocho milímetros de diámetro, en la cavidad donde había estado el tumor. (Las láminas se desintegran lentamente, irradiando la concentración de quimioterapia hacia el tumor.)

De nuevo Doris se recuperó con mucha rapidez, pero para el verano, los síntomas del tumor habían vuelto. En septiembre de 1997, le hicieron una tercera operación, aunque su famoso neurocirujano dijo que nunca había efectuado este tipo de operación más de dos veces en una persona. Más láminas de quimioterapia, que ahora ya no eran experimentales sino oficialmente aprobadas para tal uso, le fueron colocadas en el lugar del tumor. Parecía que nuestras oraciones iban a ser contestadas después de todo, porque cada una de las siguientes imágenes de resonancia magnética (IRM) que le hicieron mostró que el tumor había empezado a reducirse.

No obstante, en diciembre de 1997, derivó en otra lesión que duplicó su tamaño en solo un mes. En el mes de febrero, yo estaba muy preocupada por Doris y hablé sobre su caso con el oncólogo que le administraba la radiación.

—Ella parece estar peor y no creo que le quede mucho tiempo —le dije mientras hablábamos en mi oficina.

—Es una evaluación correcta —me respondió—. Ella podría estar bien por un poco de tiempo, o ponerse gravísima la semana que viene. No creo que le quede mucho tiempo.

Doris comenzó con tratamientos de radiación estereotáctica, un tipo de radiación muy especializada en el cual se administra radiación altamente concentrada al cerebro. Comenzó con quimioterapia oral, pero no la pudo seguir debido a los terribles efectos secundarios.

También comenzó a despedirse de la gente. Doris decidió que parecía que no iba a ver más graduaciones de la secundaria (a Nicky todavía le faltaba un año y a Katie dos), y tampoco bodas o nietos (Angie, la hija mayor, ni siquiera tenía novio). Así que Doris comenzó a hacer cajas de recuerdos para sus hijas, que entonces tenían dieciséis, diecisiete y veintiún años de edad.

—Puse regalos para las graduaciones de Katie y de Nicky, y algo para que ellas usen cuando caminen hacia el altar de la iglesia en el día de su matrimonio, lo mismo que una nota para cada una —me explicó Doris.

—Qué buena idea —le dije a Doris—. Además, si Dios te sana, todavía les puedes dar tú misma las cajas a tus hijas en esas fechas importantes.

Esperábamos un milagro, pero parecía muy difícil.

Las semanas de convirtieron en meses y de nuevo Doris comenzó a mejorar, y yo supe que era un milagro que no se hubiera muerto. Me regocijaba al ver su rostro sonriente en el programa de Pascua de Resurrección y durante la Escuela Bíblica de Vacaciones.

Sin embargo, para agosto de 1998, Doris estaba sufriendo de fuertes dolores de cabeza y su neurocirujano decidió operarla por cuarta vez. Le pusieron más láminas de quimioterapia. De nuevo, Doris se recuperó con sorprendente rapidez.

Los dolores de cabeza disminuyeron y ella se acostumbró a un "nuevo normal." Ambas sabíamos, y sus médicos coincidieron, que era un milagro que ella estuviera viva todavía y progresando tan bien.

En septiembre de 1998, fuimos con un grupo de sesenta mujeres de nuestra iglesia a una enorme conferencia cristiana en Philadelphia. Doris y yo, junto con Mary y Elizabeth, nuestras compañeras de oración, compartimos un cuarto. Pasamos dos días muy agradables, sabiendo muy bien que cuando Mary registró a Doris para esa conferencia en la primavera, no había esperanza médica de que Doris estuviera viva para esa fecha.

Llamamos a eso un milagro, aunque no fue el milagro por el que habíamos orado.

Tantas cosas sucedieron al año siguiente que es difícil desentrañarlas, pero debido a que este es solo un capítulo acerca de Doris y no un libro completo sobre ella, he aquí una versión condensada: ¡Doris permaneció en su inexplicable estado de remisión, Angie se comprometió, se casó con un amigo de muchos años y tuvo mellizos varones que nacieron con dos meses de anticipación, y Nicky se graduó de la secundaria!

Casi todas las oraciones por las que Doris oró aquel primer día en la sala de emergencia del hospital ¡fueron contestadas en el transcurso de menos de un año!

Tal vez Dios no iba a sanarla completamente del cáncer, pero era posible que no creciera más.

Creímos que Dios haría un milagro y se hacía más fácil de creer.

Entonces llegó julio de 1999. Doris todavía se estaba sintiendo bien, pero en un IRM apareció algo sospechoso. Le hicieron una quinta operación (algo totalmente sin precedentes) y los médicos encontraron un tumor fuera del cerebro, en la frente (algo también totalmente sin precedentes). No lo pudieron extirpar por completo y tampoco pudieron ponerle más láminas de quimioterapia.

Es así como están las cosas mientras escribo este capítulo. Nuevamente, Doris se ha recuperado en forma maravillosa y pasa tiempo abrazando a sus nietos y recogiendo hojas de menta de su huerto para hacer té. No obstante, todavía tiene cáncer.

Un día, la semana pasada, hablamos sobre todo lo que ella ha sobrellevado y de qué manera ha afectado su relación con el Señor.

"No me puedo imaginar cómo alguien podría pasar por todo esto sin Dios," me dijo mientras estábamos sentadas en los extremos opuestos del sofá, en su porche.

Ese comentario no me sorprendió porque sé que Doris es una mujer de gran fe y que persiste en la oración. A ella le *encanta* orar por la gente. Tiene compañeras de oración con las que se reúne para orar y grupos de oración en su hogar. A menudo, temprano los domingos por la mañana, llama a mi esposo a su oficina de la iglesia y le recuerda que está orando por él en su preparación para predicar. Ella ora por la gente cada vez que está en el tubo claustrofóbico donde le hacen los IRM. ("¿No me deberían hacer uno gratis después de una docena?" bromeó con el técnico hace poco durante uno de esos exámenes.)

Le pregunté cómo maneja el asunto de la oración no contestada pidiendo sanidad completa, y su respuesta forma la base de mi lección alentadora para usted.

"Trato de darme cuenta de que mientras que las oraciones por mi salud no están siendo contestadas, hay otras oraciones que sí están siendo contestadas," me dijo. "Trato de encontrar la presencia de Dios en las cosas de todos los días."

Ella me señaló un mantel de encaje cubierto de conchas.

"Encontré todas esas conchas de nácar cuando estuve en la playa el mes pasado," me explicó. "Me senté y comencé a filtrar la arena entre mis dedos, y cada vez, surgía una realmente hermosa.

"Busqué en mi bolsillo, pero todo lo que encontré fue una de esas medias antideslizables que se usan en el hospital, así que la saqué y puse mis preciosas conchas en ella," continuó.

"Entonces me puse a pensar que el filtrado de la arena era algo parecido a cuando Dios mueve las cosas y las saca de nuestra vida, porque quiere que salga algo especial, tal como esas pequeñas conchas que me quedaban en la mano. Algunos días es difícil no concentrarse en el peso de la arena, pero yo continúo tratando de colarla y de ver algo especial de la mano de Dios.

"Trato de despertar agradecida y de acostarme agradecida."

¿Está buscando a Dios hoy? ¿Dónde lo está buscando? ¿Es solo en oraciones relacionadas a su salud o a la salud de su ser querido, o busca encontrarlo en otros lugares? Tal vez en lugares inesperados.

Todos los días Doris ora pidiéndole a Dios que se le revele a ella ese día, que pueda verlo y sentirlo de alguna manera, y eso es lo que sucede.

A veces es una amiga que pasa por su casa y la lleva a comer afuera.

A veces es una nota que le llega por correo, con un versículo inspirador.

A veces es una llamada que termina con una oración por ella.

Y a veces Dios le envía a alguien que necesita aliento.

De la forma que sea, Doris busca gozo en medio de la lucha de su vida. Ella no es una optimista irracional que insiste en que todo está bien cuando no lo está. Ella simplemente es una mujer que está segura de que Dios la ama y de que tiene un plan para su vida, aun cuando no entiende los detalles la mayor parte del tiempo. Doris está segura de que lo que conoce de Dios es verdad, a pesar de la forma en que a veces se siente acerca de la vida. "Tal vez él no está obrando de la manera que uno quisiera, pero todavía está allí," me dijo.

Doris no quiere confiar en las apariencias ni en los sentimientos, sino en la promesa de las Escrituras donde el apóstol Pablo dice:

> *Estoy convencido de que nada podrá jamás separarnos del*
> *amor de Dios. Ni la muerte ni la vida, ni ángeles ni demonios,*
> *ni nuestros temores de hoy ni nuestras preocupaciones*
> *de mañana. Ni siquiera los poderes del infierno pueden*
> *separarnos del amor de Dios. Ningún poder en las alturas*
> *ni en las profundidades, de hecho, nada en toda la creación*
> *podrá jamás separarnos del amor de Dios, que está revelado*
> *en Cristo Jesús nuestro Señor.*   ROMANOS 8:38-39

¿Está convencido de que ni la quimioterapia ni la radiación, ni los exámenes ni la cirugía, ni las buenas noticias ni las malas noticias, ni las predicciones ni las oraciones sin respuesta, ni ninguna otra cosa en el mundo del cáncer podrá separarlo del amor de Dios que es suyo en Jesucristo?

Espero y oro que usted o su ser querido reciba una sanidad rápida y fácil del cáncer; he visto eso muchas veces. No obstante, si solo puede encontrar su gozo en una sanidad rápida, fácil y completa, va a perder mucho de lo que le puede dar Dios. Cuando usted, al igual que Doris, pueda encontrar gozo en medio de las oraciones sin respuesta, va a ver y a sentir a Dios como nunca antes.

El apóstol Pablo experimentó ese maravilloso consuelo y gozo cuando escribió al respecto en su segunda epístola a la iglesia en Corinto:

> *Toda la alabanza sea para Dios, el Padre de nuestro Señor*
> *Jesucristo. Dios es nuestro Padre misericordioso y la fuente de*
> *todo consuelo. Él nos consuela en todas nuestras dificultades*
> *para que nosotros podamos consolar a otros. Cuando otros*
> *pasen por dificultades, podremos ofrecerles el mismo consuelo*
> *que Dios nos ha dado a nosotros.*   2 CORINTIOS 1:3-4

Hay algunas conchas de nácar bonitas sobre la arena, pero la mayoría de las realmente hermosas está debajo. Tal vez requiera que cave un poco, pero Dios le mostrará dónde las puede encontrar.

Tenga ánimo: Nada acerca del cáncer lo puede separar de la presencia de Dios; siga buscando a Dios en lugares inesperados.

~*Peggy*

"Dios me está devolviendo a mi mamá."

EL CÁNCER TIENE EL MAL HÁBITO de quitarle cosas a la gente, cosas como el cabello, las fuerzas, el trabajo y el tiempo. A veces se las quita por un corto tiempo y otras veces en forma permanente. Tal vez el cáncer ya le haya quitado algo a usted.

Sin embargo, esta no es una historia sobre lo que quita el cáncer.
Es sobre lo que nos puede devolver.
Es acerca de lo que le devolvió a Peggy.
Es acerca de lo que le puede devolver a usted.

Peggy era otra de las pacientes sobre las cuales Marc había hablado con mucho optimismo antes de que yo trabajara en su oficina. Él nunca me dio los nombres ni los detalles del cáncer que tenían sus pacientes; solo mencionaba algo acerca de ellos que realmente lo sorprendía.

En el caso de Peggy, él me habló de lo sorprendentemente bien que había tolerado el tratamiento de quimioterapia que él le estaba

105

administrando. Ella se sentía bien: no tenía náuseas, ni vomitaba, ni había perdido el apetito. En realidad, sus hijos a menudo iban a comprar una hamburguesa o papas fritas para que ella comiera *mientras* recibía el tratamiento. Si no estaba comiendo, ella estaba sonriendo. El rostro de Peggy era redondo, su cabello corto y rizado se le había caído un par de veces durante la quimioterapia, y tenía una tierna sonrisa que encantaba a los niños. Tenía seis hijos propios, de los cuales cuatro todavía vivían en el hogar cuando yo la conocí, y dos hijos adoptados no oficialmente que estaba criando porque la familia de ellos los había abandonado.

Peggy me dijo que su propia madre la había abandonado cuando ella apenas caminaba y que la había visto solo ocasionalmente en más de cuarenta años. Peggy se casó muy joven y su esposo la abandonó; ahora convivía con su esposo de hecho, desde hacía muchos años. Cuando la conocí en el verano de 1996, ella había estado luchando contra el cáncer de pulmón por año y medio.

Un día, mientras hablábamos en su sala del hospital, ella sacó del cajón de su tocador una pequeña y gastada fotografía. Me dijo que era la única foto de su primera boda y la había guardado, no porque su ex esposo significara algo para ella, sino porque se veía muy bien en esa foto.

—Así es como me veía cuando me casé por primera vez —me dijo con una gran sonrisa—. En aquella época pesaba unos cincuenta y dos kilogramos. Guardo esta foto porque así les puedo decir a mis hijos: "Vean, su mamá no siempre fue gorda."

Miré la pequeña fotografía. El rostro se parecía al de Peggy, pero debido a que ahora ella pesaba casi tres veces más, era difícil reconocerla en la foto.

—Todavía tiene la misma bella sonrisa —le dije, mientras me agasajaba con su sonrisa sin dientes.

No era difícil ver que el cáncer no podía quitarle mucho a Peggy; otras cosas en su vida ya le habían robado mucho.

Había sido amiga de Peggy por lo menos seis meses antes de darme cuenta de que ella no sabía leer. Me di cuenta de eso un día mientras hablábamos en la sala del hospital. Ella no había llenado la hoja con la selección de comidas para ese día y me pidió que le leyera las opciones. Durante meses, yo le había estado mandando tarjetas y pequeños libritos con temas alentadores, sin sospechar nunca que ella no sabía leer.

Peggy tenía una fe simple en Dios. Debido a que no sabía leer ni escribir, ella aprendía simplemente escuchando. Yo no fui la que compartió por primera vez las buenas nuevas del amor de Dios con ella; simplemente fui una de las muchas personas que Dios le envió para recordárselo.

Sé que a menudo Peggy hacía sentir frustrados a los médicos porque no seguía las instrucciones y las secretarias se molestaban con ella porque no recordaba todas sus citas, pero ella me bendijo a mí. Su fe y confianza como las de un niño me intrigaban, porque yo tengo la tendencia a complicar las cosas.

Probablemente la conversación que más me bendijo durante nuestra amistad de dos años y medio fue la que tuvimos en mayo de 1997.

Debido a que tenía problemas para respirar, Peggy fue admitida de nuevo en el hospital. (Ella no tenía buena salud cuando le sobrevino el cáncer y muchos de sus problemas de salud no tenían nada que ver con el cáncer.) Conversamos un largo rato. A Peggy le encantaba la gente y nunca le faltaban las palabras. Por fin, ella comenzó a hablar de la cosa realmente importante que tenía en su corazón.

"¿Sabe? Hay algunas cosas buenas que están saliendo del cáncer," me dijo con su pronunciado acento sureño.

Yo *no* lo sabía, pero estaba ansiosa de que me lo dijera.

"Detesto tener cáncer," continuó ella. "Todavía quisiera no haberlo tenido y que Dios me lo quitara por completo. Sin embargo, creo que Dios está usando el cáncer para devolverme a mi mamá."

Continuó contándome, sin muchos detalles, la forma en que su madre, que la había abandonado cuando ella era pequeña y a quien no había visto durante décadas, había ido a verla al hospital el día anterior.

"Ella se enteró de que me había vuelto el cáncer y vino a verme," me dijo Peggy.

En sus manos tenía una muñeca de plástico con un vestido verde y blanco tejido a crochet.

"Me trajo de regalo esta muñeca," continuó ella. "Es el primer regalo que me ha dado en toda mi vida."

Tiene cuarenta y siete años de edad y nunca había recibido un regalo de parte de su madre. Mientras que cada vez que he visto a mi madre, ella me ha dado un regalo.

Peggy miró la muñeca con amor. Yo no hubiera dado cincuenta centavos por ella en una tienda, pero supe que para Peggy, la muñeca no tenía precio.

—Creo que mi mamá realmente me ama, ¿no le parece? —dijo Peggy finalmente.

Cuarenta y ocho años de edad y nunca ha escuchado a su madre decirle: "Te amo."

—Creo que su mamá la ama mucho —le dije—. Yo también la amo mucho, Peggy, y Dios la ama más que nadie.

Menos de una semana más tarde, Peggy se presentó en la oficina de Marc con una muñeca de plástico, con un vestido rosado y blanco tejido a crochet, y se la regaló al personal.

Las secretarias le dieron las gracias, pero estoy segura de que estaban perplejas sobre por qué ella le estaba dando un regalo tan raro al personal de una oficina.

Les expliqué que la muñeca era igual a la que la madre de Peggy le había regalado a ella.

Representaba amor, esperanza, perdón y muchas otras cosas.

Representaba sanidad de algo mucho más profundo que el cáncer.

Representaba algo hermoso que el cáncer le devolvió.

No quiero dar la impresión de que la lucha de Peggy contra el cáncer se hizo más fácil porque ella recibió un regalo de su madre. No lo fue. Ella luchó con preocupaciones y temores al igual que la mayoría de nosotros.

Recuerdo en particular una llamada telefónica urgente que recibí de ella varios meses después de que recibió la muñeca. Me dijo que estaba enojada, porque le había vuelto el cáncer y era incurable.

—Cuando regresé de ver al médico, estaba llorando al entrar a mi casa —me explicó por teléfono—. Mi hijo pequeño [de siete años de edad] me vio y me preguntó: "¿Qué te pasa, mamá, te volvió el cáncer?"

»Le dije que sí y él comenzó a llorar; yo me enojé mucho con Dios, fui a mi dormitorio y le grité: "¡Te odio, Dios! ¡Te odio!"

Peggy estaba llorando de nuevo, mientras revivía el dolor de esos momentos.

Gracias a Dios supe lo que debía decirle, porque había escuchado a mi amigo, el autor David Biebel, hablar acerca de una situación similar que él había tenido con un amigo que estaba enojado con Dios por las terribles pérdidas que había sufrido en su vida.

—¿Sabe lo que Dios quiere decirle a usted después de eso, Peggy? —le pregunté.

—No —fue su tímida respuesta.

Me di cuenta de que ella esperaba que yo la amonestara por su enojo.

—Él le quiere decir: "Te amo, Peggy. ¡Te amo!" —le dije.

—¿De verdad cree eso? —me preguntó a través de más lágrimas.

—Lo sé —le aseguré.

Espero que mis palabras no lo escandalicen. Por cierto que no aliento a la gente a que odie a Dios o a que se sienta enojada con él, pero entiendo que hay momentos cuando nos sentimos abandonados, inclusive traicionados. Él conoce esos pensamientos, así que, ¿por qué no ser honestos y expresárselos? Yo creo que David sentía que Dios lo había abandonado cuando escribió el Salmo 22:1-2:

Dios mío, Dios mío, ¿por qué me has abandonado? ¿Por qué estás tan lejos cuando gimo por ayuda? Cada día clamo a ti, mi Dios, pero no respondes; cada noche oyes mi voz, pero no encuentro alivio.

Me horrorizo cuando pienso en algunas de las cosas que le dije a Dios cuando me diagnosticaron cáncer. No obstante, creo que mi honestidad para con Dios fue un paso adelante hacia la sanidad emocional y espiritual. Cuando le llevamos a Dios todas nuestras preguntas difíciles, nos acercamos más a Quien en verdad tiene todas las respuestas.

¿Ha podido ser honesto, verdaderamente honesto, con Dios? De seguro que es mucho mejor que mostrar un rostro feliz y fingir que está bien cuando no lo está. Es mucho mejor que guardar todas esas emociones en lo profundo de nuestro ser, donde solo encontrarán otra manera (no saludable) de salir a la superficie más tarde. Además, es mucho mejor que no hablar con Dios.

El Salmo 139:1-4 nos dice que Dios sabe todo lo que tenemos en la mente.

> *Oh SEÑOR, has examinado mi corazón y sabes todo acerca de mí. Sabes cuándo me siento y cuándo me levanto; conoces mis pensamientos aun cuando me encuentro lejos. Me ves cuando viajo y cuando descanso en casa. Sabes todo lo que hago.*
> *Sabes lo que voy a decir incluso antes de que lo diga, SEÑOR.*

Al poco tiempo de haber terminado mi tratamiento de quimioterapia, Dios me mostró lo poderosa que es su habilidad para leernos la mente.

Recuerdo ese incidente como si hubiera sucedido ayer, aunque fue en mayo de 1991. Mi familia y yo fuimos con Marc y su familia a su sinagoga mesiánica, que queda a unos cuarenta y cinco minutos en Owings Mill, Maryland. Hacía tres meses que había terminado mi tratamiento de quimioterapia y esa era la primera vez que hacíamos algo juntos socialmente.

El servicio de adoración comenzó con como una hora de animada música de alabanza, dirigida por la banda a cargo de la adoración. Me gustó muchísimo y me sentí muy preparada para escuchar el mensaje de esa mañana, que asumí vendría a continuación.

En lugar de eso, un hombre se puso de pie en el frente y dijo que "le habían dado la responsabilidad" de orar por la gente ese día. Él estaba visitando a un pariente en la congregación y nunca antes había asistido a esa iglesia. Pensé que la forma en que iban las cosas era un poco rara, pero continué escuchando atentamente.

Él comenzó a hablar y continuó hablando por lo que a mí me

pareció muchísimo tiempo. Era casi una predicación, lo que se suponía que vendría a continuación. Me pregunté qué estarían pensando Marc y Elizabeth y si esa clase de cosas sucedían regularmente allí. (Más tarde me enteré de que eso *nunca* antes había sucedido.)

Finalmente, el hombre dijo: "Creo que aquí hay alguien con problemas en la espalda; quisiera que pasara para orar."

¿Alguien con problemas en la espalda? ¿En una congregación de unas ciento cincuenta personas? ¡Sería un milagro si allí no hubiera alguien con problemas en la espalda!

Debo ser honesta y decir que por lo general soy escéptica en cuanto a los que "sanan por fe." No soy escéptica en cuanto a la habilidad de Dios para sanar, solo en relación a algunas de las cosas que veo y escucho en la televisión. Esa situación estaba comenzando a recordármelo, y la periodista escéptica que hay dentro de mí estaba comenzando a surgir.

Traté de enfocarme en orar a medida que toda la gente con problemas en la espalda pasaba al frente. Ese hombre les impuso las manos y oró por cada persona. A algunas de ellas les pidió después que se movieran para ver si los síntomas habían mejorado.

Esto podría tomar bastante tiempo.

Como que así fue. Justo cuando todas las personas con problemas en la espalda se habían sentado y pensé que vendría el sermón, el hombre que oraba por la gente dijo que creía que allí había alguien con problemas en los oídos. Dijo que podría ser una infección al oído o un problema de no poder oír bien, pero allí había personas que necesitaban oración, dijo él.

El pequeño santuario se llenó de familias con niños pequeños. *Aquí hay muchísimas infecciones en los oídos.*

Padres y madres con bebés en sus brazos pasaron al frente. También pasó al frente un hombre mayor que caminaba con un bastón.

Esto podría tomar mucho tiempo.

No me gustaba sentirme cínica durante un servicio de adoración, especialmente después de haber esperado tanto tiempo por ese día para poder adorar junto a Marc y Elizabeth. Continué forzándome a orar por la gente que se había reunido en el frente del santuario, pero otra conversación me daba vueltas en la mente.

¿A quiénes va a llamar después? ¿A personas con dolor de cabeza? ¿Tal vez a personas que están cansadas esta mañana? Lo siento, Señor, estoy segura de que él tiene buenas intenciones, pero es obvio que aquí había personas con las "aflicciones" que él está mencionando. Si en realidad estás hablando con él, dile en cuanto a mi ojo. Dile en cuanto a mi ojo, Señor.

Una de las drogas de la quimioterapia me había dañado los conductos lagrimales. Esto ocasionaba que mis ojos lagrimearan, porque ahora las lágrimas no podían drenar. Cuando esto sucedía, la gente pensaba que yo estaba llorando. Me operaron los dos ojos y la cirugía dio resultado en el ojo izquierdo, pero no en el conducto del ojo derecho, que había sido severamente dañado. Siempre llevaba pañuelos de papel en un bolsillo o en mi manga, lista para secarme las lágrimas. Era un recordatorio constante y molesto del cáncer, del cual yo me quería olvidar. Yo había orado pidiendo sanidad antes, pero nada había sucedido.

Dile acerca de mi ojo. Era más un desafío que una oración. Yo quería probar que ese hombre no necesariamente estaba escuchando a Dios.

Me incliné hacia mi hija mediana, Bethany, quien tenía once años en ese tiempo, y le susurré: "Si este hombre pide que 'los ojos llorosos' pasen adelante, ¡voy a pasar!" Ambas nos sonreímos de mi pequeño chiste e inclinamos la cabeza nuevamente.

Menos de treinta segundos después, el visitante orador dijo que tenía otra "palabra del Señor."

"Aquí hay alguien con un ojo que le llora," anunció firmemente. Levantó su dedo índice derecho hacia su ojo y dijo de nuevo: "Aquí hay alguien con un ojo que le llora."

Si alguna vez ha sentido que su corazón palpita con fuerza y que está a punto de explotarle en el pecho, sabe cómo me sentí en ese momento. Levanté la cabeza, le eché una mirada a Bethany y corrí al frente. Cuando iba a mitad de camino, me di vuelta y vi que mi esposo caminaba detrás de mí.

A estas alturas, algunos de los líderes de la congregación se habían unido al visitante para ayudarlo a orar por todas esas "espaldas" y "oídos" que habían pasado al frente.

"¡Soy yo, soy yo!" les dije con mucha emoción. "Yo soy la que tiene el ojo que llora." Con rapidez expliqué que yo era paciente del doctor Marc y lo que me había pasado en el ojo.

Los líderes de la congregación me impusieron las manos y oraron por mí, y yo sentí que el poder de Dios casi me hizo caer al piso. Cuando terminaron, me di vuelta para regresar a mi asiento. Todavía sentí dos manos en la espalda; una de ellas era la de Marc y la otra, la de Elizabeth.

Yo no los había visto ir adelante para orar por mí, ni tampoco había visto la mirada de estupor en el rostro de Marc cuando el visitante dijo algo sobre un ojo que llora. Más tarde, Marc me dijo que supo de inmediato que esas palabras eran para mí. (Asimismo me dijo que él también se había sentido muy escéptico hasta ese momento del servicio.)

Cuando volví la cabeza y vi que *mi* médico estaba orando por mí, el médico cuyo tratamiento había hecho que mi ojo estuviera en esa condición, una increíble sanidad tuvo lugar dentro de mí. El enojo, el dolor y la confusión que había sentido para con Dios por el diagnóstico de cáncer fueron sanados aquel día.

El Dios del universo me había leído la mente —mis pensamientos escépticos como los del discípulo Tomás—, y me había mostrado su poder.

Por mucho tiempo pensé que la sanidad física llegaría, pero nunca llegó, a pesar de mucha oración. Mi ojo no ha sido sanado y constantemente tengo que llevar un pañuelo de papel, hasta ahora.

No sé por qué no ha sido sanado, pero sé que Dios tiene muchas maneras de sanar. De tener que elegir entre un ojo que llora y un corazón que llora, elijo el ojo que llora sin titubear.

Aquel día, Dios me sanó en lo más profundo de mí misma. Me sanó tanto interiormente que en realidad no me importó si me sanaba en lo exterior. Supe, más allá de toda duda, que él de verdad me amaba aunque había permitido que el cáncer llegara a mi vida. Yo sabía que él iba a usar esa terrible experiencia para hacer algo hermoso. Usted ya sabe el resto de mi historia.

A menudo no podemos impedir que el cáncer nos robe cosas en la vida. Mi amiga Peggy no pudo parar el ataque de esa enfermedad en su cuerpo. Yo no pude impedir que la quimioterapia destruyera mi conducto lagrimal.

Sin embargo, Dios siempre puede darnos cosas a pesar del cáncer. De hecho, a menudo el cáncer es el vehículo que usa para impartir su bendición.

Fue la recurrencia del cáncer de Peggy, y no la sanidad del cáncer, lo que trajo a su madre a su lado y reconcilió la relación. Para Peggy, esa recurrencia se convirtió en un recordatorio del poder de Dios para sanar más que enfermedades.

Tuve que detenerme un momento y secarme el ojo mientras escribo en la computadora este capítulo. ¿Sabe usted lo que me recuerda mi ojo llorón ahora? No me recuerda el cáncer. Me recuerda que:

Dios nos puede leer la mente.
Dios nos puede hablar al corazón.
Dios nos puede sanar de la manera que él quiera hacerlo.

La sanidad física es totalmente maravillosa. Siempre oraré con los pacientes con cáncer pidiendo sanidad física. Sin embargo, no es la *única* manera en que Dios sana, y a veces no es la *mejor* manera. Si a mi amiga Peggy le hubieran dado a elegir entre el cáncer y su mamá, estoy segura de que hubiera elegido a su mamá. Yo necesitaba más la sanidad de mi espíritu que la sanidad de mi ojo.

La Biblia nos dice que Dios es *Jehová Rafa*, Aquel que sana. Nunca lo dude, pero tampoco lo limite a una sola forma de sanar.

Tenga ánimo: Dios tiene muchas formas de sanarlo.

La mujer del milagro, también conocida como la que abandonó el hospicio

TAL VEZ USTED HAYA CONOCIDO a algunas personas que dejaron o abandonaron algo en la vida: gente que abandonó sus estudios en la secundaria, o el ejército o alguna organización en la comunidad. Ruth es la única persona que conozco que abandonó el programa del hospicio.

Por favor, no me malentienda; ella no abandonó el hospicio porque hubiera algo malo allí. Por el contrario, nuestro hospicio local está reconocido como un lugar que tiene una excelente reputación, y la atención que recibió allí fue profesional y amorosa.

Ella lo abandonó porque recibió un toque tan maravilloso de Dios que se sintió demasiado bien para permanecer allí como paciente. Lo más increíble es que ese maravilloso toque llegó en un momento en que su familia había abandonado toda esperanza.

Conocí a Ruth en marzo de 1997, cuando llegó a nuestra oficina para una consulta. Le habían diagnosticado cáncer al colon en julio del año anterior, a la edad de setenta y ocho años, y exámenes de seguimiento habían mostrado que el cáncer le había llegado al hígado. Era una situación considerada médicamente incurable, pero tal vez la quimioterapia podría retrasar el avance del cáncer y darle a Ruth un poco más de tiempo. El tratamiento semanal intravenoso estaba considerado como bastante llevadero, en lo que a la quimioterapia se refiere. Hemos tenido pacientes de más de ochenta años e incluso uno de noventa y un años que completaron este tipo de tratamiento que dura seis meses y que no tuvieron problemas significativos.

El tratamiento de Ruth comenzó a fines de marzo sin ningún incidente. La llamé el día después de su primera dosis y me dijo que se sentía bien, y que no tenía problemas. Todas las semanas venía y nos informaba que no había tenido dificultades los días previos. No obstante, después del quinto tratamiento, la historia fue diferente.

Llegó a la oficina con su hijo, Stuart, pero se sentía débil y mareada, y tenía diarrea. Marc le dio fluidos en forma intravenosa para hidratarla y esperaba que ella se recuperara con rapidez, que es lo que sucede con la mayoría de los pacientes. Cuando eso no sucedió, él la internó en el hospital para que le hicieran más exámenes y le trataran la deshidratación.

Por el momento nadie estaba demasiado preocupado, y la familia y el médico esperaban que ella fuera dada de alta muy pronto.

"No esperábamos que eso resultara en un nivel de crisis," me dijo Stuart más tarde. Él mantenía informada sobre la situación de su madre a su hermana mayor, Gail, quien vivía en Texas, pero no creía necesario que Gail tuviera que viajar a Pennsylvania.

Visité a Ruth en el hospital el 7 de mayo, cinco días después de que fuera admitida. Me quedé impactada al ver lo mal que estaba. No parecía la misma persona; estaba decaída y no hablaba mucho. Tenía dolores abdominales y los doctores sospechaban que tenía los intestinos obstruidos o que no le estaban funcionando. Tenía los niveles químicos de la sangre muy desequilibrados y eso mostraba que los riñones no le estaban funcionando bien.

Me di cuenta de que estaba muy débil, pero despertó por unos segundos y pareció reconocerme. Oré con ella y con la familia al lado de su cama. Oramos pidiendo su sanidad y paz mental para su familia. Mientras tanto, Stuart llamó a su hermana y le dijo que era mejor que viniera si quería hablar con su madre.

Fui a verla otra vez al día siguiente, después de que Marc me dijo que el estado de Ruth había declinado mucho durante la noche y que no estaba seguro de que ella fuera a sobrevivir. Ella no se despertó, pero su hijo, la esposa de él y yo nos tomamos de las manos alrededor de la cama y oramos de nuevo por Ruth. Las expresiones de sus rostros me indicaron que estaban comenzando a perder las esperanzas.

Este giro negativo entristeció mucho a Gail, quien estaba en Texas, porque era obvio que no iba a llegar al hospital a tiempo para decirle adiós a su madre. Una situación similar había ocurrido unos quince años antes, cuando su padre había muerto de cáncer; aquella vez tampoco hubo tiempo para despedirse de él.

Cuando la fui a ver, unos dos días más tarde, Ruth todavía estaba en estado de coma y ahora estaba en posición fetal. Respiraba con la ayuda de oxígeno y su única fuente de nutrición eran unas bolsas de líquidos.

En verdad parecía que no había esperanzas.

Gail llegó el 9 de mayo y fue directamente al hospital. Después de observar a su madre por unos minutos, sus años de adiestramiento y experiencia como enfermera de pacientes con enfermedades crónicas le dejaron claro que su madre se estaba muriendo.

Gail me hizo esta descripción más tarde: "Ella estaba respirando lo que llamamos respiración de Cheyne-Stokes [en la cual se deja de respirar por un breve tiempo], no respondía y expulsaba muy poca orina por su catéter de Foley. La primera vez que la vi, no pensé que tuviera posibilidades de sobrevivir."

Ella y Stuart habían hablado sobre el rápido deterioro en la condición de su madre y luego hablaron nuevamente sobre eso con los médicos. Todos estuvieron de acuerdo en que Ruth estaba muy cerca de la muerte y que no había nada más que se pudiera hacer, y que los fluidos intravenosos, que era lo que la mantenía viva, solo estaban prolongando lo inevitable. Así que el día jueves 12 de mayo, removieron los fluidos que le estaban administrando por vía intravenosa. Decidieron dejar el oxígeno nasal para que estuviera cómoda mientras moría.

Marc escribió en sus notas del hospital que Ruth estaba experimentando un "curso progresivo de deterioro" y que estaba en lo que se llama un caso "muy cerca del deceso" cuando le removieron los fluidos que le administraban en forma intravenosa.

Stuart llamó al director de la funeraria y le dijo que muy pronto iban a necesitar sus servicios.

"Hice todos los arreglos con la funeraria, ya que pensaba que ella moriría y que la vendrían a buscar en la mañana," dijo Stuart.

Todos habían dejado de esperar que se recuperara y oraban pidiendo que el fin llegara pronto y que no sufriera. Con respecto a lo que podía hacer la medicina, definitivamente no había esperanza alguna.

Los hijos de Ruth continuaron la vigilia alrededor de su cama. Stuart y su esposa, Pamela, tomaron el turno de la noche, y Gail el del día.

Dos días después, el sábado 14 de mayo, el día amaneció como de costumbre, pero lo que sucedió después fue algo que nadie esperaba.

Ruth abrió los ojos. Vio a su hija sentada al lado de la ventana en su cuarto privado y comenzó a hablarle.

Después de doce días en el hospital,
siete de ellos en estado de coma,
dos días sin líquidos
y docenas de oraciones,
ella simplemente despertó.

Sin advertencia o explicación, ella simplemente despertó y comenzó a hablar con Gail.

"Lo primero que recuerdo que dijo es: 'Tengo mucha hambre, quiero un sándwich de tocino, lechuga y tomate,'" recuerda Gail.

Gail le aseguró a su madre que con mucho gusto le iba a buscar su sándwich, pero que ¡tal vez fuera mejor que comenzara con algo más fácil de digerir! Llamaron a las enfermeras y a los médicos, comenzaron de nuevo con líquidos administrados por vía intravenosa, y Ruth comenzó a tomar jugo.

Dos días después de su milagrosa recuperación, pasé por la sala privada de Ruth en el hospital. Sin saber lo que había sucedido el fin de semana, esperaba verla todavía en estado de coma, pero pensé que hablaría con la familia y oraría con ellos. Me gustaría poder decirles que cuando entré a la sala y vi a una mujer sentada en la cama, hablando y comiendo gelatina, lo primero que me di cuenta fue de que Dios la había sanado.

La verdad es que pensé que estaba en la sala equivocada y comencé a pedir disculpas entre dientes, mientras retrocedía para llegar a la puerta, pero entonces noté a los miembros de la familia alrededor de la cama; no había duda de que eran Stuart y su esposa, Pamela.

Ellos vieron la expresión de asombro y de incredulidad en mi rostro. "Sí, es ella. Realmente es ella," dijo Stuart sonriendo.

Ruth me miró, me sonrió y me habló mencionando mi nombre. Era la respuesta a lo que habíamos orado, pero yo también había abandonado toda esperanza de que pudiera suceder.

Ahora oramos juntos de nuevo, pero esta vez agradeciéndole a Dios por responder a nuestras oraciones a pesar de lo que pensábamos nosotros.

Cuando regresé a la oficina y le pregunté a Marc qué le había pasado a Ruth (después de haberme quejado porque no me había dicho que ella estaba despierta), él me dijo que no había explicación médica para el giro de los acontecimientos. Más tarde leí un dictado que él le envió a uno de los médicos de Ruth: "Pensamos que era probable que ella muriera en el hospital, sin embargo, se ha recuperado en forma milagrosa después de haber estado comatosa; se despertó, comenzó a comer y se ha ido del hospital."

Es así que a ella se la conoce en nuestra oficina como "la mujer del milagro."

Ruth permaneció en el hospital durante una semana más después de haber salido del estado de coma. Gail y ella pasaron muchas horas recordando el pasado y preparándose para el futuro. Aunque ella había despertado milagrosamente del estado de coma, sabían que tenía cáncer en estado avanzado y ambas pensaban que la muerte todavía era inminente.

"Hablamos sobre el funeral, lo que quería usar y las joyas que quería tener puestas, y yo escribí todo eso," dice Gail. "Me preguntó si yo pensaba que estaba bien que usara su vestido y chaqueta color rosado vivo, y yo le dije que por supuesto que sí.

"Elegimos los himnos que ella quería y todo lo del servicio fue arreglado."

Cuando Ruth salió del hospital en una silla de ruedas el 18 de mayo, todavía estaba muy débil y regresó a su hogar con la ayuda de los servicios del programa del hospicio. No obstante, en lugar de empeorar, Ruth continuó mejorando. Comenzó a conducir su automóvil, a trabajar en el jardín con sus hermosas flores, a cortar el césped y a salir a comer con sus amigas. A las pocas semanas decidió que estaba demasiado bien como para continuar con los servicios del hospicio.

"Me sentía culpable de seguir con los servicios del hospicio cuando en realidad no necesitaba ayuda," me dijo Ruth cuando vino a nuestra oficina para otro chequeo. "Hoy corté el césped antes de venir aquí, así que abandoné el servicio del hospicio."

Le dije que conocía a muchas personas que habían vivido mucho más tiempo del esperado con el hospicio, algunas hasta años, pero que en realidad no conocía a nadie que en realidad hubiera mejorado tanto como para "abandonar" el programa. Nos reímos juntas sobre su nueva fama de "fugitiva del hospicio."

Hablamos un poco más aquel día acerca de su recuperación milagrosa en el hospital, y sus ojos brillaron con un gozo muy real, algo que se ve muy raramente en pacientes con cáncer incurable. Era obvio que se sentía muy agradecida a Dios por lo que él había hecho en su vida y que estaba ansiosa por compartirlo con otras personas.

"Voy a compartir mi historia en la iglesia de mi hijo cuando celebren la próxima reunión del grupo de apoyo para pacientes con cáncer," me dijo todavía sonriendo.

Es así como estuvo Ruth todas las veces que la vi en los próximos meses: sonriendo y hablando acerca de su milagro. Stuart me dijo que ella permaneció de esa forma hasta la siguiente primavera, cuando falleció a los ochenta años de edad. Murió de forma rápida e inesperada (el mismo día en que llamaron al hospicio para que acudieran y la volvieran a matricular en el programa).

Yo sabía que Dios había hecho una maravillosa obra de sanidad física en Ruth cuando ella se despertó del estado de coma, pero lo que no supe fue que esa sanidad solo fue una parte de un milagro aún más grande.

Poco después de la muerte de Ruth vi a su hijo, Stuart, cuando hablé en el grupo de apoyo para pacientes con cáncer de su iglesia.

Fue entonces cuando me enteré de los otros milagros que Ruth había experimentado.

"Yo había considerado a mi madre como una mujer bastante amargada antes de eso [la recuperación milagrosa]," me dijo Stuart. "Ella era un poco cínica y en general estaba amargada con la vida."

Él continuó explicando que la vida había sido difícil para su madre. Ella había quedado viuda unos quince años antes, cuando su padre había muerto de cáncer al pulmón. Ella también había tenido que lidiar con muchos casos de cáncer en su familia antes de su propio diagnóstico: su madre, su hermano y abuelo, todos habían tenido cáncer al colon; su hermana tuvo cáncer de mama y otro hermano tuvo cáncer al cerebro.

Gail recuerda que después de la muerte de su padre, su madre "como que se retrajo y sentía lástima de sí misma. No compartía de su vida con nadie; estaba amargada y muy sola."

Stuart está de acuerdo en que esa es una descripción bastante buena de su madre y que se maravilló mucho con la transformación que tuvo lugar después de su experiencia próxima a la muerte.

"Después de eso [la recuperación milagrosa], todo desapareció," dice él. "Después no hubo más soledad o amargura."

La fe de ella, que había sido bastante rutinaria, se hizo vibrante y su relación con Dios fue muy personal. Ruth comenzó a compartir con otras personas y ya no se aisló.

"Tenía un gozo y un agradecimiento que no habían estado antes en su vida," dijo Stuart. "Tenía un testimonio de lo que Dios había hecho por ella y le encantaba compartirlo.

"El milagro físico de mi madre permitió que sucediera un verdadero milagro emocional y un milagro espiritual," explica Stuart. "Ella era una persona que en realidad había cambiado. Fue un milagro en todas las esferas."

Gail dice que el último año que estuvo con su madre después del cambio de ella fue "un verdadero regalo de Dios."

"Hablamos y compartimos tantas cosas," dijo ella. "Hablamos sobre mi padre, sobre mi hermano y también sobre mi vida. Compartimos muchos recuerdos maravillosos. Tengo que creer que esto es algo que Dios me dio.

"Había oraciones por todos lados por mi madre y tengo que creer que fueron las oraciones que venían de todos lados las que hicieron posible el milagro."

Esa es la historia de cómo mi amiga Ruth venció el cáncer. Tal vez usted esté pensando que ella no venció el cáncer porque finalmente perdió la vida debido al cáncer, pero yo tengo una opinión diferente. Realmente creo que vencer al cáncer es mucho más que ser sanado físicamente, aunque sé que de eso es de lo que habla la mayor parte de la gente cuando dice que vencieron la enfermedad.

Vencer el cáncer es definitivamente luchar contra ese enemigo invisible en un intento de ser sanado, y yo lo insto a que haga eso con cada aliento que tiene en el cuerpo. Sin embargo, también lo insto a que amplíe su visión de lo que significa vencer el cáncer.

¿Qué hubiera pasado si el cáncer no le hubiera quitado la vida a Ruth y ella hubiera sobrevivido como una mujer amargada y cínica, o se hubiera amargado aún más debido al cáncer? ¿Diríamos entonces que lo venció?

Yo creo que la verdadera victoria que tuvo Ruth fue durante el último año de su vida cuando ella, todavía con el cáncer en el cuerpo, triunfó sobre él en su mente y en su espíritu. Vivió esos meses como una persona que tiene cáncer, pero el cáncer no la tenía a ella. Dios la tenía en la palma de su mano y ella no estaba bajo el helado dominio de una enfermedad.

Cuando recién me diagnosticaron el cáncer, muchos amigos bien intencionados me dijeron: "¡Esto es algo que puedes vencer!" Sé que se suponía que esas palabras me proporcionarían aliento, pero no lo hicieron. En cambio pensé: *¡Estupendo! Entonces si no vivo, ¡es culpa mía por no haber vencido la enfermedad!*

Sentí mucha presión por "hacer bien todas las cosas" para asegurarme de vencer el cáncer. Investigué vitaminas, hierbas y técnicas de sanidad naturista. Escuché casetes de médicos que prometían que ciertos métodos alternativos de medicina curaban todas las enfermedades. Leí historias de sanidades físicas milagrosas. No obstante, nadie dijo que vencer el cáncer puede ser más que solo una sanidad física.

Durante mucho tiempo, yo estaba "venciendo" el cáncer —no

había señales de cáncer en mi cuerpo—, pero el cáncer me estaba venciendo a mí. Me controlaba la mente, las actitudes y mi relación con Dios. Era lo primero en que pensaba todos los días y lo último que me ocupaba la mente por las noches. Era difícil para mí disfrutar los días feriados y los momentos especiales, porque me preguntaba si serían los últimos. Mi tiempo de oración no era otra cosa que ruegos egoístas pidiendo mi sanidad.

Sin embargo, en forma gradual Dios comenzó a expandir mi visión sobre vencer el cáncer cuando me habló al corazón: "Si vives o mueres de esto es algo que yo decido; pero la forma en que vives, eso lo decides tú."

La presión desapareció. Yo haría mi parte para combatir físicamente el cáncer, pero no iba a juzgar si lo vencía o no basándome en si era sanada o no.

Lo vencería sin importar los resultados, porque no dejaría que me venciera y que controlara mi vida.

Por la gracia de Dios, eso es lo que hice y lo que he seguido haciendo por más de una década.

Cuando usted tiene cáncer, la espantosa fantasma de este puede seguir apareciendo en su vida por mucho tiempo.

En los chequeos.
Antes de exámenes de marcadores tumorales.
Con cualquier moretón o bulto.
Cuando se sienten nuevos achaques o dolores.

Aun si los médicos lo consideran sanado del cáncer, usted tal vez tendrá que continuar luchando contra los efectos emocionales y espirituales del cáncer por mucho tiempo.

Una vez que le han dado la noticia de que tiene cáncer, es difícil no preocuparse de que le pueda volver. Una vez que su cuerpo lo ha "traicionado" al permitir que entre el cáncer, es difícil confiar en el cuerpo en el futuro.

No obstante, vencer el cáncer no es algo que se logra en un momento, en un día o de una vez por todas.

Es cierto que vencemos el cáncer cuando se nos pronuncia en

remisión o sanados. Sin embargo, también lo vencemos paso a paso cuando le permitimos a Dios, no al cáncer, controlar nuestros pensamientos. Lo vencemos hora a hora cuando recordamos que el poder de Dios en nosotros es más grande que el cáncer y lo vencemos día a día cuando confiamos en la fortaleza de Dios y no en la debilidad del cáncer.

El apóstol Pablo sabía vivir a pesar de sus circunstancias. Esto es lo que escribió cuando estaba encadenado en la cárcel: "No que haya pasado necesidad alguna vez, porque he aprendido a estar contento con lo que tengo. Sé vivir con casi nada o con todo lo necesario. He aprendido el secreto de vivir en cualquier situación, sea con el estómago lleno o vacío, con mucho o con poco. Pues todo lo puedo hacer por medio de Cristo, quien me da las fuerzas" (Filipenses 4:11-13).

Pablo venció sus circunstancias.
Ruth venció el cáncer.
Yo vencí el cáncer.
Usted puede vencer el cáncer.

Tenga ánimo: Cualquier persona puede vencer el cáncer, porque ser victorioso no es solo ser curado.

~Nicola

La dama de los caballos

Yo la conocía como "la dama de los caballos" mucho antes de saber que se llamaba Nicola.

Si yo estuviera escribiendo un folleto sobre las cosas sorprendentes que han hecho los pacientes con cáncer mientras estaban bajo tratamiento, pondría la foto de "la dama de los caballos" en la portada.

Este sobrenombre se lo puso Marc, quien al principio tuvo dificultad para recordar su nombre, pero no tuvo problemas para hablarme sobre los logros de ella antes de que yo trabajara en su oficina. La historia favorita de él era una en la que ella colocó uno de sus queridos caballos de raza en el remolque, lo enganchó a su camioneta y condujo desde Pennsylvania hasta Oklahoma. Después de entregarle el caballo a su nuevo dueño, ella continuó conduciendo hasta México para tomarse unas vacaciones.

"¡Condujo la camioneta ella misma, con el tanque de oxígeno colocado a su lado en el asiento del frente!" dijo él con una sonrisa de satisfacción. "¡Es una persona increíble!"

No deje que su sobrenombre lo engañe. Sí, Nicola criaba caballos, los vendía, los compraba y los exhibía en ferias de caballos, pero esa no era toda su vida. En realidad, ella era probablemente una de las pacientes más inteligentes, con más cultura y que más había viajado de la práctica de Marc. Hablaba tres idiomas, y había crecido y vivido la mayor parte de su vida en México. Su casa de campo, en la que vivía con su esposo e hijo adolescente, estaba llena de tesoros que había adquirido en sus viajes. Tenía una bella voz de soprano y durante un tiempo había sido cantante profesional en México.

A Nicola le diagnosticaron cáncer de mama por primera vez en el año 1988 cuando tenía treinta y ocho años de edad. Para cuando yo la conocí en el otoño de 1996, la enfermedad le había comprometido los pulmones y Marc estaba sorprendido de que ella todavía estuviera viva y continuara disfrutando la vida.

La conocí cuando estaba en el hospital con pulmonía. Tenía un juego de Scrabble (para formar palabras con letras) para viajeros al costado de su cama, así ella y su madre podían disfrutar con uno de sus pasatiempos favoritos. Se sentía muy mal, pero todavía podía ganarle a su madre en ese juego. Da la casualidad que Scrabble es también el juego favorito que juego con mi mamá, así que no tuvimos problemas para comenzar una conversación sobre ese tema.

Después de unas cuantas visitas más al hospital y a la oficina, nuestras conversaciones pasaron de deletrear palabras que dan muchos puntos a los riesgos de luchar con una enfermedad que amenaza la vida. Comencé a orar con ella y ella empezó a apretarme la mano con más firmeza y durante más tiempo en cada visita que le hacía. (Nunca le dije a Marc nada de esto —creo que mi secreto ya no es un secreto ahora—, pero inclusive jugué Scrabble con ella cuando la visité en el hospital. Su madre fue a la cafetería para comer algo y ambas insistieron en que yo continuara con el juego de palabras durante su ausencia. Me sentí intranquila porque me estaban pagando para sentarme allí y jugar mi juego favorito, aun si era solo por unos momentos, pero la sonrisa en su rostro me dijo que estaba haciendo lo correcto.)

Cerca de un año después de haber conocido a Nicola, ella hizo algo conmigo que ninguno de los otros pacientes había hecho hasta ese entonces: oró en voz alta conmigo.

Nunca me olvidaré de ese momento. Le tomé la mano, como siempre, y le pregunté si había algo especial por lo que quería que orara, como siempre lo hacía, pero cuando terminé de orar en voz alta por ella, ella no me soltó la mano. En cambio, me la apretó un poco más y dijo: "Gracias, Dios, porque Lynn está en mi vida y gracias por mis padres."

Fue otro recordatorio de que los pacientes con cáncer me dan mucho más a mí de lo que yo jamás podría darles a ellos.

En el mes de noviembre de 1997, Nicola llegó a otra de las encrucijadas que había enfrentado en su larga lucha contra el cáncer. El cáncer al pulmón había dañado tanto su facultad de respirar que tuvo que ser colocada en un ventilador, que es una máquina que respira por los pacientes que no pueden hacerlo por sí mismos. Una traqueotomía —procedimiento quirúrgico que hace un agujero en la tráquea para proveerles un pasaje de aire a los pacientes que requieren ayuda por problemas crónicos de respiración— le podría alargar la vida unos pocos meses, según el especialista pulmonar. Sin esa operación, a ella le podían quedar unos pocos días o un par de semanas de vida.

Richard, su fiel esposo, dijo que él apoyaría cualquier decisión que ella tomara. No me sorprendió en absoluto que Nicola decidiera que le hicieran la traqueotomía. ¿Por qué no? Ella había conducido su camioneta con el acoplado y el caballo hasta México, ¿no es verdad? Todos sabíamos que era una mujer maravillosa.

No obstante, había algo que Nicola no sabía. Ella no sabía que Dios es aún más maravilloso.

Yo sabía que aunque ella había viajado por todo el mundo y había tenido acceso a toda clase de cultura refinada, acerca de lo que la mayoría de la gente solo lee, el hogar de Nicola estaba desprovisto de lo espiritual. Ella me dijo que creía en Dios, pero que no asistía a la iglesia porque allí había demasiada gente hipócrita. Por varios meses, ella había estado leyendo el Evangelio de Juan que yo le había dado. Aunque ella había leído mucho, no había estudiado lo que yo considero que es el mejor libro del mundo: la Biblia.

Así que cuando la fui a visitar aquel día del mes de noviembre en que la iban a operar, mi oración fue que Nicola respondiera a lo más maravilloso que conozco: la oferta de Dios de vida eterna.

Durante los últimos días nos habíamos estado comunicando por escrito, porque el ventilador le impedía hablar, pero ahora estaba demasiado cansada como para escribir. Yo sabía que la operación involucraba riesgos y que no había garantías de que esta no fuera nuestra última "conversación."

Decidí que le iba a formular preguntas que se responden con un sí o un no, para facilitar nuestra conversación.

"¿Siente temor por esta operación?" le pregunté con cautela.

Ella movió la cabeza indicando que sí; era la primera vez que había visto a esta mujer independiente admitir que sentía temor.

"¿Siente temor ante la posibilidad de morir?" le pregunté con más suavidad.

Nuevamente, la cabeza de cabello castaño y rizado se movió en forma afirmativa.

"¿Siente que está lista espiritualmente para morir?" le pregunté mientras miraba sus ojos castaños llenos de lágrimas.

Movió vehementemente la cabeza indicando que no y me apretó la mano con más fuerza.

"¿Ha puesto alguna vez su fe en Jesús como su Señor y Salvador, pidiéndole que le perdone sus pecados, y ha aceptado su don gratuito de salvación?" le pregunté, manteniendo un ojo en el monitor que registraba su pulso, para asegurarme de que no la estaba perturbando.

De nuevo indicó que no.

Entonces sonó una alarma en una de las muchas máquinas que monitoreaban los tubos que tenía sujetos a su cuerpo. Una enfermera entró e hizo algunos ajustes en la máquina. Otra enfermera la siguió con más medicinas y otra más se acercó para otras tareas. Finalmente pudimos continuar con nuestra conversación.

Nicola unió las palmas de sus manos en posición de orar y me miró con una súplica en los ojos.

"¿Quiere que ore?" le pregunté para asegurarme de que estaba leyendo sus gestos correctamente.

"¿Quiere orar pidiéndole a Dios que la perdone y que le dé el don de la vida eterna?" le dije pensando que ni siquiera podía decir una oración que yo oyera.

Sin embargo, yo sabía que ella no me estaba orando a mí o por mí y que Dios promete en su Palabra que él conoce nuestras palabras aun antes de que las digamos. Así que yo oré y mi querida amiga, que no podía emitir sonido alguno, también oró.

No sé qué le dijo en su corazón a Dios, pero estaba segura de que era la cosa más maravillosa que ella jamás había hecho.

Nicola salió bien de la operación y regresó a su hacienda de doce hectáreas, en la que tenía cinco caballos, dos perros y seis gatos, para vivir allí el tiempo que le quedaba. Poco antes de aquella Navidad, Marc, su esposa, Elizabeth, y yo la visitamos en su hogar.

Por mucho tiempo Nicola había querido mostrarles sus caballos a Marc y a Elizabeth, porque a ambos les encantan los animales. Yo sabía que Nicola se sentía especialmente honrada de que ellos hubieran viajado la media hora que tomaba llegar a su hogar en automóvil.

"No le vaya a decir a nadie que yo hago visitas a domicilio," bromeó Marc con ella. Tomamos té con especias, comimos galletas dulces hechas en casa y admiramos recuerdos de sus años de entrenar y presentar caballos. Marc inclusive se sentó al piano y tocó algunas melodías para ella. Cuando llegó la hora de irnos, los tres nos reunimos alrededor de su cama especial del hospital, formamos un círculo y cada uno oró por ella. Entonces la dama de los caballos hizo otra cosa realmente sorprendente.

Me soltó la mano y puso su dedo índice sobre el tubo de la tráquea para poder hablar.

"Querido Dios," dijo, "gracias por todas las bendiciones que has traído a mi vida y por todo el amor que la gente me ha demostrado. Sé que tú me amas y que estás obrando para mi bien a través de toda esta gente amable y de sus atentas demostraciones para conmigo."

Suspiró profundamente, tratando de inhalar suficiente aire a sus pulmones para terminar.

"Solamente quiero alabarte, Dios, por todo esto."

Es bastante fácil alabar a Dios cuando todo marcha bien en su vida.

Cuando se siente bien.

Cuando los resultados de los exámenes son alentadores.

Cuando los niveles de los marcadores tumorales se han reducido.

Cuando una remisión parece inminente.
Cuando usted tiene buena salud.

Es mucho más difícil alabar a Dios cuando las cosas —a veces la mayoría de las cosas— no marchan bien. Antes de que me diagnosticaran el cáncer, siempre me había gustado cantar en adoración, alabar a Dios y darle gracias por todas mis maravillosas bendiciones. Las oraciones llegaban a mis labios con mucha facilidad, especialmente las oraciones de agradecimiento, porque tenía mucho por lo cual estar agradecida. En realidad, si usted me hubiera dicho que llegaría un tiempo en mi vida en el cual yo no podría orar, me habría reído de la sugerencia y hubiera insistido que eso jamás sucedería.

No obstante, sucedió.

En aquellos días oscuros después del diagnóstico, literalmente, no podía orar. Cuando leía la Biblia y trataba de orar, simplemente no podía articular las palabras. En cambio, me rodaban lágrimas por las mejillas, a veces unas pocas y otras veces fuertes sollozos. Lo único por lo que quería orar era para elevar un clamor desesperado pidiendo sanidad. ¿Qué otra cosa podía decir?

Entonces leí un versículo en la Biblia, que estoy segura de haber leído muchas veces antes, pero que nunca me había parecido tan significativo:

Además, el Espíritu Santo nos ayuda en nuestra debilidad.
Por ejemplo, nosotros no sabemos qué quiere Dios que le
pidamos en oración, pero el Espíritu Santo ora por nosotros
con gemidos que no pueden expresarse con palabras. Y el
Padre, quien conoce cada corazón, sabe lo que el Espíritu
dice, porque el Espíritu intercede por nosotros, los creyentes,
en armonía con la voluntad de Dios. Romanos 8:26-27

Dos versículos maravillosos acerca de la forma de orar cuando usted siente que no puede hacerlo. Están en la Biblia, colocados entre lo que Pablo dice sobre el sufrimiento y su explicación de cómo podemos ser victoriosos aun en tiempos difíciles. (Lea todo el capítulo y verá lo que quiero decir.)

Estaba bien sentir que no podía orar. El Espíritu Santo oraría por mí. Él llevaría mis "gemidos," que eran demasiado profundos para ser expresados en palabras, directamente a Dios. Aun mejor que eso, el Espíritu sabría *qué* orar por mí. Él oraría de acuerdo a la voluntad de Dios.

¡Nuestro Dios es maravilloso! Él sabe que en el momento en que más lo necesitamos, tal vez no podamos expresarle lo que sentimos, así que ¡él tiene su propio Espíritu para hacerlo por nosotros! Después de que encontré ese versículo, muchas veces solo me sentaba, con las manos en el regazo y las palmas hacia el cielo, y las lágrimas corriéndome por las mejillas . . . orando.

No decía ni una sola palabra. No podía formar pensamientos coherentes, pero oraba. No me preocupaba por lo que iba a orar o cómo orar. Simplemente le permitía al Espíritu de Dios que le llevara a Dios mis pensamientos más íntimos, mis temores más profundos y que orara por mí.

Con el tiempo pude orar de nuevo por mi propia cuenta, pero aun ahora practico a veces esa clase de oración que aprendí cuando no tenía otra forma de orar.

Otra cosa maravillosa que aprendí acerca de la oración durante mi sufrimiento contra el cáncer es que Dios nos ha dado oraciones que podemos orar cuando el dolor es muy profundo.

Pasé todos los seis meses que me administraron quimioterapia inmersa en el libro de Salmos. No creo haber abierto la Biblia en ningún otro lugar que no fuera el medio, donde mis ojos encontraban un salmo que detallaba mi necesidad ante Dios.

Antes de eso, en realidad yo no había sido una entusiasta de los Salmos, porque están muy llenos de dolor y de lamentos.

—Pensé que habías dicho que los Salmos están llenos de quejas —me dijo mi esposo el día que le mencioné lo mucho que los Salmos me estaban bendiciendo.

—Bueno, ahora yo también soy una quejumbrosa —le dije con una sonrisa.

Era verdad; en los primeros treinta y seis años de mi vida, no tuve grandes problemas. Un hogar maravilloso y lleno de amor en mis años de crecimiento; una buena educación; un matrimonio fabuloso;

hijas adorables; nada de qué quejarme. Mi vida había sido tan buena que nunca antes había necesitado a Dios de la manera que lo necesité después de que me dijeron que tenía cáncer.

Por el contrario, los salmistas tenían muchos problemas en sus vidas y muchas veces necesitaban la ayuda de Dios con desesperación. Así que leí Salmos. Noche y día leí los Salmos como mi oración a Dios.

> *El Señor es mi luz y mi salvación, entonces ¿por qué habría de temer?* Salmo 27:1

> *Oh Señor, te entrego mi vida. ¡Confío en ti, mi Dios!* Salmo 25:1-2

> *Dios es nuestro refugio y nuestra fuerza, siempre está dispuesto a ayudar en tiempos de dificultad.* Salmo 46:1

> *Aunque ande en valle de sombra de muerte, no temeré mal alguno, porque tú estarás conmigo.* Salmo 23:4, rv60

Creo que esos seis meses en los que pasé orando los Salmos fueron tan sanadores emocionalmente como cualquier otra cosa que pudiera haber hecho después de mi diagnóstico. Creo que en cualquier etapa en que se encuentre en su trayectoria contra el cáncer, los Salmos le van a dar aliento a medida que los ore.

Espero que la historia de Nicola le haya dado ánimo. Espero que crea que es posible disfrutar de la vida aun cuando se está recibiendo tratamiento para el cáncer. Es probable que pudiera escribir un libro completo acerca de las cosas sorprendentes que han hecho algunos pacientes mientras estaban recibiendo quimioterapia.

Conozco a un hombre que recibió su cinturón verde en karate mientras le estaban tratando el cáncer al pulmón. Conozco a una mujer que asistía a sus clases de baile usando una bomba en su cinturón que le inyectaba quimioterapia en forma continua mientras ella bailaba. Conozco a otro hombre que ganó un torneo de racquetbol dos días después de su tratamiento por cáncer generalizado al colon.

Ninguna de esas personas era un atleta renombrado o una persona famosa. Eran personas comunes y corrientes que estaban haciendo algo increíble.

Más increíble aún es nuestro Dios. Él es tan maravilloso que bendijo a Nicola a través de su experiencia con el cáncer y es también lo suficientemente maravilloso como para bendecirlo a usted en sus dificultades, y para escuchar las oraciones más profundas de su corazón.

Tenga ánimo: Usted puede orar aun cuando sienta que no lo puede hacer.

Tanto dolor, tan poco tiempo

No me sorprendería que su nombre estuviera en una "cadena de oración" o dos en todo el país, o que la gente le haya dicho que está orando por usted. Por lo general, el diagnóstico de cáncer compele a orar a la gente . . . o por lo menos a hablar acerca de orar.

Sé que antes de tener cáncer, muchas veces yo había sido culpable de decirle a la gente que iba a orar por ellos, pero luego me olvidaba de hacerlo. Aun recuerdo llamadas que me llegaban a través de la cadena de oración de nuestra iglesia, pero luego con las muchas actividades me olvidaba y no oraba.

Creo que es por eso que yo me sentía un poco suspicaz cuando la gente me decía que estaba orando por mí. Les quería responder: "¿De verdad están orando por mí? Espero que oren, porque algunos días sobrevivo pendiente del fino hilo de esas oraciones."

Por supuesto que no quería sonar malagradecida, así que nunca le dije eso a nadie. En cambio, sonreía y les daba las gracias. No obstante, eso me hizo pensar dos veces antes de decirle a una persona que iba a orar por ella. Me daba cuenta de que alguien más tal vez estuviera pendiente de mis oraciones, y ahora cuando las personas me piden que ore por ellas, por lo general lo hago en ese momento, así no me puedo olvidar.

Esta es la historia de una paciente que, aunque parezca raro, no quería que yo orara con ella.

Por si no lo ha notado hasta ahora, yo soy una persona a quien le gusta la gente. Soy extrovertida, lo que significa que por lo general la gente me da energía y no me agota. Es maravilloso que Dios me hubiera dado todo lo necesario para mi trabajo a favor de los pacientes, aun cuando yo no tenía ni idea en qué consistiría ese trabajo. Puedo interactuar con facilidad tanto con los pacientes con cáncer como con las personas que los cuidan y por lo general no precisa mucho tiempo para establecer amistades.

Eso es lo que realmente me molestaba en cuanto a Cecelia.

Desde el principio fue obvio que ella no quería que yo fuera su amiga. Ella no quería ser amiga mía y por cierto que no tenía intenciones de "conectarse" conmigo de ninguna forma.

La conocí en el hospital en mi día libre, porque Marc le había mencionado a mi esposo que tenía una paciente que lo preocupaba y que le gustaría que yo la visitara en algún momento. Ella había sido veterinaria de las mascotas de la familia de Marc, desde que se mudaron a Hanover hacía casi diez años.

Bueno, Marc no es una persona que pueda trabar amistad fácilmente con alguien, pero sí le encantan los perros, y yo sabía que él se había hecho amigo de Cecelia porque a ella le encantaban sus queridos perros. (Él dice que son "Blabs," porque son parte buldog y parte labrador negro. Yo los llamo grandes, porque lo son.)

Aunque Marc no me había dicho que tratara de conocerla inmediatamente, pensé que era importante para él y yo tenía tiempo, así que fui, ansiosa de hacer amistad con ella.

Por lo general los pacientes están contentos de que yo vaya al hospital y los visite. Yo sé que a mí me hubiera encantado conocer a un sobreviviente de cáncer mientras todavía estaba en el hospital después de mi operación. Hubiera sido muy bueno tener a alguien con quien identificarme y compartir, y de quien recibir aliento.

Cecelia no estaba precisamente encantada cuando la visité en el hospital. Marc me había dicho que le habían diagnosticado linfoma hacía dieciocho años y que había estado en remisión, pero que el cáncer le había vuelto muchas veces desde ese entonces. Ella se había negado a recibir tratamiento esta vez y parecía que se le estaba acabando el tiempo en esta vida.

Fue cortés conmigo, pero lejos de ser amistosa. Yo no soy psicóloga, pero era obvio que manifestaba señales de depresión: respuestas monosilábicas, muy poco contacto visual, voz carente de emoción y ojos húmedos.

Le hablé acerca de mi trabajo y le relaté una breve reseña de mi experiencia con el cáncer. Le di un folleto titulado "Esperanza cuando vuelve el cáncer" y un pequeño panfleto devocional titulado "Alguien la ama." Traté de charlar con ella, pero era obvio que la conversación no iba a llegar a ningún lado.

A pesar de su apatía, se veía tan triste que le pregunté si podía orar con ella. La gente siempre quiere que ore con ella. Desde que comencé a trabajar con Marc, he orado con toda clase de personas, de toda clase de fe. He orado con judíos, mormones, testigos de Jehová, bautistas y aun con una paciente de la ciencia cristiana. Esa mujer me dijo que aunque su religión no creía ni en enfermedades ni en médicos, ella iba a nuestra oficina para que le administraran quimioterapia "a fin de asegurarse de haber cubierto todas las bases."

He orado con personas que me han dicho que yo fui la primera persona que había orado en voz alta con ellas y también he orado con personas que oraron en voz muy alta mientras yo estaba orando por ellas. Una vez, le dije a Marc bromeando que yo debía ser una "oradora" muy mala, porque la gente siempre comenzaba a llorar cuando oraba por ella.

Sin embargo, Cecelia, la veterinaria, fue una de las dos únicas personas que he conocido que no me han permitido orar con ellas.

Cuando le pregunté, los ojos se le llenaron de lágrimas, y comenzó a mover la cabeza con vehemencia, indicando que no y sacudiendo su corto cabello castaño.

—No, tengo un problema con eso —explicó, pero en realidad eso no aclaraba nada.

—Voy a orar por usted cuando me vaya —le dije. Me imaginé que era probable que en realidad quisiera las oraciones, pero que de alguna forma consideraba que no podrían o no deberían ser dichas a su favor.

Unos diez días más tarde, ella vino a nuestra oficina y la recibí en la sala de espera. De nuevo, ella fue cortés, pero apática. Todavía no estaba de ánimo para conversar o para hacer amistad conmigo. Le di un folleto titulado "Viviendo con el cáncer" y la dejé en paz.

Ella estaba muy enferma y Marc no se sentía muy optimista en cuanto a que ella recobrara suficiente fuerza para soportar algún tratamiento, o que el tratamiento pudiera ayudarla si se lo administraban. Sentí verdadera urgencia de traspasar su desaliento y mostrarle un rayito de esperanza. Le escribí una nota de aliento y se la envié por correo.

Unos dos días después, los padres de Cecelia la llevaron a la sala de emergencia porque casi no podía respirar. Crucé apresuradamente la calle para llegar a la sala de emergencia, donde hablé brevemente con sus padres en la sala de espera y luego fui a ver cómo estaba ella. Por lo general, los pacientes se sienten muy agradecidos cuando yo voy a verlos a la sala de emergencia. Siempre me preguntan cómo es que me enteré con tanta rapidez y cómo pude dejar todas las cosas e ir a verlos en ese tiempo de necesidad.

Cecelia no estaba entusiasmada.

Ni siquiera me sonrió o me dio las gracias.

Por lo general no hablo mucho en la sala de emergencia, porque a menudo los pacientes están recibiendo oxígeno o están conectados a monitores que registran su presión cardiaca y tienen que estar tranquilos. Simplemente me paro a su lado, les tomo la mano o les doy suaves palmaditas en el brazo y sé que mi presencia los ayuda mucho más que las palabras.

Yo no intenté hablar con Cecelia ni tocarla. Su lenguaje corporal había dejado en claro que no quería mis toques de "consuelo."

Le pregunté si podía orar con ella, pero de nuevo sacudió la cabeza indicando que no.

Traté una táctica diferente.

"¿Estaría de acuerdo en que orara en silencio por usted?" le pregunté suavemente.

Pensó por un momento y movió la cabeza indicando que sí.

Noté que cerró los ojos, lo cual me sorprendió y deleitó, porque yo esperaba que ella estuviera orando junto conmigo.

Yo también cerré los ojos y extendí la mano sobre su cuerpo sin tocarla. Oré en silencio, primero por su sanidad física y luego oré algo como esto:

Señor, es obvio que hay grandes barreras de separación entre Cecelia y tú. No sé cómo están allí o por qué, pero sé que tú las puedes derribar. Ella siente mucho dolor y queda tan poco tiempo. Te pido que ella pueda permitir que tú quites esas barreras y que obres en su vida para suplir sus necesidades más profundas.

Tuve cuidado de no hacer una oración demasiado larga, porque no sabía cuál sería su reacción.

Cuando terminé, no hubo sonrisas, ni lágrimas, ni tampoco me dio las gracias; nada que mostrara que algo especial había sucedido. Me fui enseguida, preguntándome si tal vez no sería mejor que dejara en paz a la pobre de allí en adelante.

Tres días después, los padres de Cecelia la llevaron nuevamente a la sala de emergencia alrededor de las 9:00 de la noche. Su condición había empeorado tanto que Marc sentía que tal vez ella no la iba a superar y compartió su preocupación con Elizabeth, su esposa, mientras se apresuraba a llegar al hospital.

Más tarde ella me contó esa conversación.

"Me dijo que pensaba que había llegado el momento," recuerda Elizabeth. "Mis hijas [en ese entonces de quince y once años de edad] se estaban preparando para acostarse, y estábamos listas para orar juntas.

"Les dije: 'Tenemos que orar por Cecelia, nuestra veterinaria. Es posible que muera.'

"Nos arrodillamos y oramos con fervor pidiendo que Dios le concediera más tiempo," dijo ella. "Oramos para que no se muriera sin conocer a Jesús y su amor por ella, que Dios le permitiera sobrevivir esa noche."

Más tarde Elizabeth me dijo que ella, al igual que Marc, apreciaba mucho a esa persona especial que había mostrado tanta compasión por las mascotas de su familia. También me habló de otro aspecto de Cecelia, uno que yo no había visto.

"Ella es muy buena con toda clase de animales," me dijo Elizabeth. "Una persona de mucha sabiduría, muy tierna, dulce y suave para hablar, y siempre sonriente."

A la mañana siguiente, Marc me dijo que Cecelia casi había muerto durante la noche, pero que estaba un poco mejor. En la primera oportunidad que tuve aquel día, me dirigí a la unidad de cuidados intensivos. Mi plan era quedarme allí unos pocos minutos, porque sabía que ella estaba débil y que se cansaría con mucha facilidad.

Ella estaba descansando cuando entré a la sala. Hablamos un poco y luego fui directamente al grano.

"¿Estaría bien si oro con usted?"

¡Qué bueno que estaba en el hospital, porque casi me desmayo allí mismo cuando me dijo que sí!

Mantuve la calma y no le agarré la mano. No quería asustarla o alejarla ahora que las paredes parecían haber comenzado a agrietarse. Por fin, había llegado la tan esperada oportunidad, pero me di cuenta de que yo no tenía ni idea de qué decir. En silencio oré por sabiduría sobre cómo orar en voz alta y en pocos instantes Dios comenzó a ponerme pensamientos en la mente, que yo expresé en palabras.

Oré pidiéndole a Dios que se le revelara y le pedí que ella le entregara a Dios todas sus heridas y temores. Oré pidiendo que ella confiara en Dios, porque él la amaba y había probado ese amor enviando a Jesús, el Mesías, por todos nosotros.

Aunque no hubo ninguna respuesta mostrando aprecio, *habíamos* orado juntas. Yo sabía que mi trabajo era ser fiel, orar y dejar que Dios hiciera el resto.

Volví a verla al día siguiente y no entré a la sala enseguida, porque un hombre la estaba visitando. Me di cuenta de que el hombre tenía una Biblia en las manos, y que estaba leyéndole algunos versículos. No sabía quién era, pero estaba segura de que Dios lo había enviado para que las paredes fueran derribadas. Me quedé afuera de la sala y oré en silencio por ese hombre mientras él compartía su corazón, y el corazón de Dios, con ella. Entonces levanté la vista y me di cuenta de que él estaba orando en voz alta al lado de la cama de Cecelia. Me pregunté si le habría pedido permiso primero, ¡o si simplemente se había puesto a orar!

Le pregunté a una enfermera quién era ese hombre y me dijo que era pastor de una iglesia cercana, donde asistía una de las hermanas de Cecelia. Él salió de la sala, y yo supe que ella estaría muy cansada como para recibir otra visita, así que simplemente asomé la cabeza por la puerta y le dije: "Solo le voy a decir 'hola,' y 'hasta pronto,' porque no quiero cansarla. Voy a volver otro día, cuando no haya tenido otro visitante reciente."

Yo estaba segura de que ella se sentiría agradecida por haberla "librado" de tener que recibirme, y por no tener que preocuparse de si yo le iba a preguntar si quería que orara con ella otra vez.

Sin embargo, ella me hizo señas de que me acercara a su cama. Se veía muy delgada y débil, y tenía tubos por todos lados. De nuevo le expresé que no quería molestarla, pero ella insistió en que acercara una silla, me sentara y habláramos.

Bueno, ¡por lo menos una de las paredes se ha derrumbado!

No me podía imaginar qué es lo que diría, ahora que era ella la que había iniciado la conversación. Moví la silla un poco más cerca, para que no tuviera que esforzarse para que yo la oyera.

"Nunca hemos tenido la oportunidad de hablar," comenzó a decir. Había calor y claridad en su mirada, una sonrisa en sus labios y su voz era firme. He aquí la "otra" persona que conocían Elizabeth y Marc.

No puedo creer que esta sea la misma persona con la que he estado tratando de hacer amistad durante las dos últimas semanas. ¡Ni siquiera parece ser la misma persona!

Entonces Cecelia comenzó su monólogo, el cual yo no habría interrumpido por nada en el mundo.

Me dijo que le habían diagnosticado el linfoma en el año 1979 y que le habían administrado varios tratamientos desde ese entonces, siempre con una remisión. Entonces, el año pasado, se le habían presentado algunos síntomas que le indicaban que el cáncer había vuelto. Ella se negó a aceptar lo que estaba sucediendo y no acudió al médico. Esperó hasta estar muy enferma, tan enferma que había perdido las ganas de vivir.

"Tuve una severa crisis emocional, espiritual, física y profesional," me confesó. "Pero ahora he decidido que quiero vivir y luchar contra esta enfermedad."

En forma instintiva extendí mi mano para tomar la suya, y ella extendió su mano y asió la mía firmemente. Era la primera vez que ella había respondido visiblemente a algo que yo hubiera dicho o hecho desde que nos conocimos.

Le dije que había estado orando pidiendo que ella quisiera vivir de nuevo y que Marc y toda su familia habían estado orando por ella.

—¿Por qué quiere que ore hoy por usted? —le pregunté, sabiendo que no iba a rechazar mi oferta.

Ella pensó por algunos segundos y luego dijo:

—Ore pidiendo que pueda confiar en Dios y dejar que él me guíe.

¡Yo no podía pensar en ninguna otra cosa que querría orar por ella con más fervor!

Nos tomamos de la mano, mientras las lágrimas nos corrían por las mejillas a las dos, y pedí una bendición para ella y le di gracias a Dios por lo que estaba haciendo en su vida.

Cecelia vivió casi veinte años desde el diagnóstico inicial de linfoma, pero vivió solo diez días más desde ese día especial que compartimos juntas. Continué visitándola y orando con ella hasta el fin. El último día de su vida, Cecelia le dijo a Marc: "Estoy lista para partir." Dos días más tarde, yo caminé en la marcha anual de la Sociedad Americana contra el Cáncer en memoria de Cecelia. Fue exactamente un mes después del día en que nos conocimos.

Tal vez usted piense que es triste que Cecelia muriera justo cuando finalmente había decidido que quería vivir. Yo creo que hubiera sido aún más triste que ella hubiera vivido queriendo morir. Si usted cree en las palabras de Jesús, como las creo yo, Cecelia *está* viva hoy: "Yo soy la resurrección y la vida. El que cree en mí vivirá, aun después de haber muerto. Todo el que vive en mí y cree en mí jamás morirá" (Juan 11:25-26).

Espero que el hoyo de su cáncer no sea tan profundo como el de Cecelia. Más tarde me enteré de que su hoyo se había profundizado debido a grandes crisis que habían sufrido algunas de las personas que ella amaba, incluyendo la enfermedad mental, el suicidio, el divorcio y la guerra. Ella le había entregado su vida al Señor hacía varias décadas, pero su amor por Dios se había enfriado más y más con cada crisis.

Para cuando yo la conocí, Cecelia había abandonado literalmente toda esperanza de salir alguna vez de ese hoyo. Es por eso que ella no quería que yo tratara de llegar al hoyo en que se encontraba.

Sin embargo, el toque sanador de Dios fue más profundo que la profundidad del hoyo.

Cecelia nunca me explicó el proceso por el cual las paredes se habían derrumbado y yo nunca se lo pregunté, pero era obvio que había sucedido. No sé exactamente cómo o cuándo lo hizo Dios, pero no se puede negar que lo hizo. Supongo que él bajó al hoyo con ella y derramó su amor hasta que fue tanto que ese amor la levantó y la sacó del hoyo.

Dios también lo puede hacer por usted.
Él puede entrar en el hoyo de su cáncer y sacarlo de allí.
Solo necesita una oración para llegar a Dios.

Si yo pudiera llegar a usted en este momento y tomarle la mano, hay un versículo que oraría por usted:

Pido en oración que, de sus gloriosos e inagotables recursos, los fortalezca con poder en el ser interior por medio de su Espíritu. Entonces Cristo habitará en el corazón de ustedes a medida que confíen en él. Echarán raíces profundas en el amor de Dios, y ellas los mantendrán fuertes. Espero que puedan comprender, como corresponde a todo el pueblo de Dios, cuán ancho, cuán largo, cuán alto y cuán profundo es su amor. Es mi deseo que experimenten el amor de Cristo, aun cuando es demasiado grande para comprenderlo todo. Entonces serán completos con toda la plenitud de la vida y el poder que proviene de Dios. EFESIOS 3:16-19

Tenga ánimo: El cáncer puede ser un hoyo muy profundo, pero el toque sanador de Dios es aún más profundo.

~"George y Molly"

"De cualquier forma, ella gana."

A USTED NO SE LE PUEDE "PEGAR" EL CÁNCER, porque no es contagioso, pero cuando ataca a un miembro de la familia, tiene su propia forma de "infectar" a todos los demás. Yo vi la forma en que mi diagnóstico de cáncer consumió a mi esposo. Él trató de ser fuerte por mí y de no demostrarlo, pero es difícil ocultar el temor y la preocupación. Yo creo que él hubiera preferido ser el que tenía el cáncer en lugar de ser el que estaba sano, a mi lado, sintiéndose impotente para cambiar la situación.

Si usted es el ser amado de alguien con cáncer, puede ser que sienta que usted también tiene cáncer. En cierta forma, lo tiene. Por lo general les decimos a los nuevos pacientes de nuestra clínica onco-lógica: "Cuando una persona tiene cáncer, es como si toda la familia tuviera cáncer."

Creo que a veces es más difícil ser la persona que está "bien" que la que está "enferma." Por lo general, los pacientes reciben mucha atención y el seguir el tratamiento puede hacerlos sentir que "están haciendo algo" para luchar contra la enfermedad, mientras que las personas que aman al paciente sobrellevan mucho más trabajo físico y muchísimo más estrés emocionalmente. Además, debido a que el cáncer es una enfermedad que amenaza la vida, existe la posibilidad de que esas personas sean las que se queden solas.

Se puede desarrollar una lucha emocional tipo "tira y afloja": usted trata de permanecer positivo por su ser amado que está enfermo, mientras al mismo tiempo trata de lidiar con los pensamientos negativos que tiene en la mente.

Esa es la situación en la que se encontró mi amigo George después de que a Molly, su esposa, le diagnosticaron cáncer de los ovarios en estado avanzado. A él le parecía que no había forma de ganar esa lucha de "tira y afloja" y estar en paz con el diagnóstico y el pronóstico de su esposa.

No obstante, George pronto encontró que las cosas no siempre son como parecen. Él aprendió la lección sobre la cual escribió el cantautor Don Moen:

Dios abrirá un camino
Donde parece no haber ninguno.
Él obra en formas que no podemos ver.
Él abrirá un camino para mí.

Cuando llamé a George y a Molly para pedirles permiso para compartir su historia, ellos se sintieron encantados.

"Cuento nuestra historia una y otra vez, pero desde hace mucho tiempo he sentido que necesito compartirla con más personas, para que la gente sepa lo que Dios puede hacer," me dijo George.

"Todavía siento fuertes emociones cuando la revivo; casi no puedo terminar de contarla," me confesó con la voz ahogada por las lágrimas.

Como verá, la historia de George acerca de Molly (quien todavía está en remisión completa) es una historia fuera de lo común. Por cierto que no le puedo prometer que Dios va a hacer una réplica de esta historia en su vida, pero le prometo que Dios se le revelará a usted, que lo hará a su manera y en su propio tiempo, si usted lo busca.

George se afligió enormemente cuando le diagnosticaron cáncer a su esposa en el verano de 1998. Habían estado casados dieciocho años, pero habían sido amigos durante mucho más tiempo. Habían acampado con sus cónyuges previos. Años después de que esos matrimonios terminaron, se encontraron por casualidad en un restaurante, "lloraron el uno en el hombro del otro" y finalmente se enamoraron, dijo George. Ahora, cuando casi estaban llegando a los sesenta años de edad, estaban disfrutando de sus tres hijos casados y de sus siete nietos cuando el diagnóstico del cáncer interrumpió su felicidad.

"Ella es mi esposa, pero también es mi mejor amiga," dijo George. "Hablamos juntos de todas las cosas, sin restricciones de ninguna clase."

Debido a que compartían todas las cosas en su matrimonio, eso hizo que el diagnóstico del cáncer fuera más doloroso.

"Mi actitud fue: Sí; ella tiene cáncer, pero tenemos cáncer juntos," explicó George. "Llegué a la conclusión de que era un esfuerzo de equipo tratar de vencerlo."

Operaron a Molly y le extirparon el tumor en el ovario. Después, ella eligió seis tratamientos de quimioterapia para tratar de eliminar cualquier célula cancerosa que hubiera quedado y evitar que volviera. Ella manejó bien el primer tratamiento, tanto física como emocionalmente, que es lo que veo en la mayoría de las personas durante su primera terapia. Su respuesta fue similar a la de otros: "¡No fue tan malo como pensé que podría ser!"

Sin embargo, para George, la historia fue diferente.

Me llamó después del segundo tratamiento de su esposa para decirme que Molly se sentía bien, pero que él no.

"Mi esposa está muy bien, pero yo soy un desastre," me dijo. "¿Es normal esto?"

Algo que admiro en George es su sinceridad. Muchos hombres tratan de ocultar sus sentimientos, pero él no es uno de ellos. Me dijo que emocionalmente no estaba manejando bien las cosas y que sentía que cualquier cosa lo podía hacer llorar. Me dijo que se la pasaba pensando acerca de todos los "y qué si," en especial el temor de perder a su encantadora esposa.

Hablamos sobre lo normal que es que el cáncer de una persona "infecte" emocional y espiritualmente a otro miembro de la familia. Lo alenté a que no reprimiera esas emociones (aun si ellas incluían el llanto), y que continuara llevando sus preocupaciones y sus preguntas a Quien tiene todas las respuestas.

Yo creía que Dios sanaría el acongojado corazón de ese hombre, pero nunca me imaginé que lo haría de la forma en que lo hizo.

Unos dos meses después de nuestra conversación telefónica, George pasó por nuestra oficina para llenar unos papeles, y me dijo que quería contarme algo "realmente maravilloso" que había ocurrido unos días antes, mientras pasaba su tiempo matutino en oración. Caminamos juntos al estacionamiento y las palabras comenzaron a salir de sus labios con rapidez.

"Todos los días, me acuesto en el sofá y hablo con Dios. No me preocupo por el tiempo, a veces puede ser una hora," me dijo George.

Continuó explicándome que aquel día en particular le estaba hablando al Señor sobre todas las cosas que tenía en el corazón, todas las preocupaciones y temores por Molly, y lo desvalido que se sentía enfrentando todo eso. Me dijo que derramó su corazón respecto a cuánto quería saber con seguridad que su esposa iba a vivir, que iba a sobrevivir el cáncer.

"Pero después de unos momentos, me puse a pensar que yo era el único que hablaba y que no estaba escuchando para nada, así que detuve el monólogo y le cedí el turno a Dios," recuerda George.

Recuerda haberse quedado recostado allí por bastante tiempo, pero nada sucedió; no sintió haber "escuchado" nada.

"Así que continué con las cosas del día, en una actitud de escuchar, esperando una respuesta del cielo, pero solo hubo silencio," dijo George.

Más tarde aquel día, mientras estaba mirando un partido de fútbol en la televisión, dice que en forma inconfundible escuchó una voz, y las palabras fueron muy claras: "De cualquier forma, ella gana."

"Me volví hacia mi esposa, quien estaba sentada en una silla a mi lado, y pensé que ella me estaba hablando del partido, así que le pregunté: '¿Qué fue lo que dijiste?,' pero ella me dijo que no había dicho nada," me dijo George.

"Estaba bastante seguro de que la voz no había venido de la televisión, pero no sabía de qué otro lado podía venir," me dijo. "Así que continué mirando el partido y luego la escuché de nuevo: 'De cualquier forma, ella gana.'

"Volví la vista de nuevo hacia mi esposa, pero era obvio que ella no había hablado," continuó George. "Entonces fue que me di cuenta de Quién podría ser la voz."

George admitió que estaba bastante emocionado cuando pensó que estaba escuchando de Dios, pero que no tenía ni idea de lo que significaba el mensaje.

"Así que me dije a mí mismo en silencio: *¿Qué significa eso?*" recuerda él. Entonces escuché la voz de nuevo: 'Si se sana, gana, y si no, va a su hogar conmigo y gana aún más.'"

George me dijo que en aquel momento una paz increíble invadió su preocupada mente, mientras pensaba en esa respuesta. Sin embargo, su encuentro divino todavía no había terminado.

Él me dijo que un poco más tarde, escuchó la voz otra vez: "De todas formas, tú también ganas."

"De nuevo no entendí el significado de las palabras y me pregunté qué querrían decir," recuerda él. "Otra vez me llegó la explicación: 'Si ella se sana, tú ganas; y si ella va a su Hogar en el cielo, tú sabes dónde está y todavía ganas.'"

Entonces, aún más paz le inundó el alma, dijo él.

Fue una paz que nunca pensó que pudiera ser posible.
Una paz para terminar esa horrible lucha emocional de
  "tira y afloja."
Una paz que era real.
Dieciocho meses después, todavía es muy real.

Aun hoy, cuando hablo con él por teléfono, se le saltan las lágrimas cuando recuerda el día en que Dios contestó sus oraciones.

"Me emociono tanto que casi no puedo hablar acerca de esto," dice casi como pidiendo disculpas.

El tiempo que George pasa orando todos los días es todavía la parte más importante de su vida, pero dice que sus oraciones han cambiado.

"Ahora cuando oro, pido muy poco, porque creo que ya he recibido mucho más de lo que me corresponde," dice George.

Me alegra saber que George no siente la necesidad de pedir tantas cosas. Creo que él está aprendiendo, al igual que el apóstol Pablo, "a estar contento con lo que tengo" (Filipenses 4:11). Sin embargo, no creo que él haya recibido más de lo que le corresponde. La respuesta que recibió de Dios y que le dio tanta paz es exactamente lo que Jesús promete a cada creyente:

> *Les he dicho todo lo anterior para que en mí tengan paz.*
> *Aquí en el mundo tendrán muchas pruebas y tristezas; pero*
> *anímense, porque yo he vencido al mundo.*   JUAN 16:33

Jesús nos promete que cuando descansamos en él, podemos tener paz sin importar cuál sea nuestra situación, *especialmente* cuando estamos pasando por tiempos difíciles. Jesús ha vencido al mundo porque venció el poder de la muerte en nuestra vida. Jesús ya ha vencido al cáncer, a las enfermedades del corazón y al SIDA, y a cualquier otra enfermedad que nos pueda golpear en este mundo.

> *"La muerte es devorada en victoria. Oh muerte, ¿dónde está*
> *tu victoria? Oh muerte, ¿dónde está tu aguijón?" . . . ¡Pero*
> *gracias a Dios! Él nos da la victoria sobre el pecado y la*
> *muerte por medio de nuestro Señor Jesucristo.*
> 1 CORINTIOS 15:54-55, 57

George no sabe en qué va a resultar el pronóstico de la enfermedad de su esposa, pero sabe cuál es el resultado final de todas las personas que creen en el Señor Jesucristo. Ni usted ni yo sabemos cómo va a resultar el pronóstico de nuestro cáncer, pero sabemos cuál es el resultado final, permanente y eterno para todos aquellos que son de Dios.

> *Yo soy la resurrección y la vida. El que cree en mí vivirá aun*
> *después de haber muerto. Todo el que vive en mí y cree en mí*
> *jamás morirá.*   JUAN 11:25-26

¡De cualquier manera ganamos! Una situación en la que es imposible perder, una solución en la que siempre ganamos, sin importar lo que pase. Con frecuencia escuchamos a la gente de negocios hablar sobre este tipo de situación. Tratan de resolver un problema arribando a una solución que beneficie a todos. Es lo ideal, pero no siempre es posible.

A menos, por supuesto, que usted le pertenezca a Dios.

Si usted cree en Jesucristo, no puede perder la lucha contra el cáncer. Su ser querido no puede perder su lucha contra el cáncer. Sin embargo, la gente habla de esa forma. Dicen algo como lo siguiente: "Fulano de tal perdió su lucha contra el cáncer." No obstante, para los creyentes, eso es mentira. Solo podemos ganar. Cuando un creyente muere, en forma temporal tal vez parezca que la muerte ha ganado, pero todos sabemos que las apariencias engañan.

Me encanta la siguiente cita del evangelista Dwight L. Moody. Cuando su vida estaba llegando al fin, él dijo: "Muy pronto, un día leerán en el periódico que D. L. Moody ha muerto. No lo crean. ¡Estaré más vivo que nunca!"

Sé que es difícil sostener esta perspectiva de la eternidad cuando usted o alguien a quien usted ama está muriendo de cáncer, porque tendemos a aferrarnos a la vida aquí, ya que es todo lo que conocemos o podemos ver. Sin embargo, ya sea que vivamos diez años o ciento diez años, eso será como un abrir y cerrar de ojos comparado con la eternidad que pasaremos en el cielo.

"Todo eso está muy bien," tal vez diga usted, "¿pero qué me dice de todos los que quedan en este mundo cuando alguien muere de cáncer? No se siente como un abrir y cerrar de ojos cuando se trata del cónyuge que ha quedado viudo, o del hijo a quien se le ha muerto la madre."

Esa es una consideración válida. Es una que me formulé a mí misma muchas veces después de que me diagnosticaron el cáncer. Me sentí completamente en paz en cuanto a la posibilidad de morir. En verdad sentía que había recibido más bendiciones en mis treinta y seis años de edad que las que reciben muchas personas que han vivido el doble de esos años. En lo que me concernía, Dios no me debía nada.

Sin embargo, no tenía paz en cuanto a que mi esposo y mis hijas se quedaran solos. Traté de imaginar toda clase de situaciones en las cuales estarían bien, pero ninguna de ellas parecía que funcionaría. La lucha constante en mi corazón no tenía cuándo terminar.

Entonces un día, mientras estaba sola sentada en la cama, tuve una experiencia similar a la de George. No escuché una voz audible, pero la voz que escuché en mi mente era muy clara.

Yo había estado orando por mis hijas y por mi esposo, mientras le decía a Dios que me tenía que dejar vivir, porque yo no me sentía bien en cuanto a que ellos no me tuvieran a mí.

Ellos me quieren. Me necesitan. Me aman y yo los amo muchísimo, le dije a Dios.

Entonces escuché la voz en la mente: "Yo los amo más que tú."

Yo sé que los amas, pero yo quiero cuidarlos.

"Yo los amo más que tú," fue la respuesta que recibí de nuevo.

Sé que los amas, pero ellos me necesitan.

"Los amo aún más de lo que los amas tú y hasta que no los entregues a mi cuidado, no vas a tener paz," fue la respuesta.

Comencé a llorar. En lo más profundo del corazón yo sabía que ese era el único camino, pero a mi lucha emocional todavía le quedaban algunos otros puntos que presentar.

No quiero confiártelos, Señor. Quiero que tú me los confíes a mí. Quiero estar en control. Yo . . . yo . . . yo . . .

No obstante, sabía que no podía tener las dos cosas, así que le dije a Dios: "No veo de qué manera o forma mis hijas podrían estar bien o aun mejor sin mí. Cuando pienso en ellas sin mí, siento un dolor demasiado profundo para describir. Creo que lo único que tiene sentido es que yo viva. No puedo soportar el pensamiento del dolor que van a sentir si me muero y no estoy presente para verlas crecer.

"PERO . . . elijo poner de lado estos sentimientos y creer en ti y en tu Palabra. Creo que tú las amas más que yo y que puedes cuidarlas con o sin mí. Creo que eres fiel, como lo has probado a través de mi vida y, de hecho, a través de toda la historia.

"Así que, voy a dejar de tratar de encontrar la solución, de entender, de buscarle sentido a todo esto, o de tratar de controlarlo. Simplemente entrego mi voluntad a tu voluntad. Voy a caminar por fe y no por lo que veo. Creo en ti."

Creí que Dios, por medio de Jesucristo, había probado su amor por mí.

Creí que, de cualquier manera, yo ganaría.
Creí que Dios, por medio de Jesucristo, había probado su
    amor por mi familia.
Creí que, de cualquier manera, mi familia ganaría.

Cuando hice eso, una paz increíble me inundó y no me ha abandonado desde entonces; aun la siento ahora que estoy escribiendo este capítulo nueve años más tarde. Es difícil entregarle la vida a Dios y creo que a veces es aún más difícil entregar a nuestros seres queridos a su cuidado; pero se puede hacer.

Tanto George como yo lo sabemos.

Tenga ánimo: Dios ama a sus seres queridos aún más de lo que los ama usted.

~"Joe"

"No puedo decirle lo bien que me siento."

CREO QUE DEBERÍA DECIRLE, desde el principio, que esta historia trata de una persona que, muchos años después de que le diagnosticaron el cáncer, se estaba preparando para morir. Espero que no deje de leerla debido a eso. Creo que tiene un mensaje para usted, ya sea que también se esté preparando para dejar este mundo, o que esté haciendo planes para estar aquí mucho tiempo. En realidad no es una historia sobre cómo morir; sino más bien, es una historia acerca de cómo estar verdaderamente vivo.

Una historia de cómo se siente el perdón de Dios.
Una historia acerca del poder de la Palabra de Dios.
Una historia acerca de lo maravillosa que es la precisión cronométrica de Dios.

Gracias por continuar conmigo en este capítulo. Puesto que lo ha hecho, quiero presentarle a mi amigo Joe, un paciente a quien conocí en la oficina de Marc en mayo de 1996. Joe tenía casi ochenta años de edad y habían pasado más de diez años desde que le habían diagnosticado cáncer de vejiga.

Era un hombre bajo, fornido, con apariencia de abuelo, de ojos verdes y una tierna sonrisa que es probable que haya hecho que sus nietos se quisieran subir a su regazo. Había disfrutado años de remisión del cáncer, pero cuando yo lo conocí, había comenzado los tratamientos de quimioterapia debido a una recurrencia. Al igual que muchos de nuestros pacientes, se sentía bien a pesar de su lúgubre pronóstico y aún estaba trabajando a tiempo parcial en un super-mercado local.

Todavía me sorprende lo bien que se ven y que se sienten los pacientes mientras reciben ese tipo de tratamiento tóxico. Antes de recibir quimioterapia, yo tenía una idea en la mente de lo terrible que iba a ser, pero debo decir que para la mayoría de la gente no es tan terrible. De hecho, eso es lo que casi todos nuestros pacientes dicen después de haber terminado su tratamiento. "No fue tan malo como pensé que sería." Muy pocos se enferman por recibir los tratamientos y la mayoría puede continuar con una vida bastante normal (aunque más lenta).

El otro día le estaba mostrando a una joven la sala de quimiotera-pia, porque su madre está tratando de decidir si opta por la quimio-terapia para combatir su recién diagnosticado cáncer.

"¿Por qué no se ven enfermos todos?" me preguntó la joven, mien-tras miraba con incredulidad a los pacientes que estaban en sus sillo-nes reclinables, tomando café recién hecho y lamiéndose los dedos para sacarse lo que les había quedado del glaseado de sus rosquillas.

Le expliqué que aunque recibir quimioterapia no es algo fácil, por lo general no es tan terrible como era hace años, ni como la mayoría de la gente imagina que va a ser.

Joe era un buen ejemplo. Si usted simplemente lo miraba, nunca hubiera pensando que tenía un cáncer incurable médicamente. No obstante, lo tenía, y varios meses después de que lo conocí, ambos sabíamos que le quedaba poco tiempo de vida. Lo admitieron al hos-pital con pulmonía un día sábado a mediados de marzo.

El martes en la mañana me dirigí al hospital, que queda frente a la calle de la oficina de Marc, para visitar a sus pacientes. Siempre oro mientras camino ese corto pasaje rodeado de árboles y le pido a Dios que me muestre quién necesita una visita, y qué es lo que alentaría a cada paciente. Escribo los nombres de todos ellos y el número de la sala en que están en una tarjeta tamaño postal, y a menudo oro sobre a quién debería visitar primero. Otras veces hago mis visitas de acuerdo a un orden lógico: Comienzo en el cuarto piso y hago mis rondas bajando piso por piso, o comienzo en el segundo piso y entonces subo. Inclusive, otras veces comienzo con el paciente que creo que está más enfermo o el que necesita más aliento.

Sin embargo, Joe no encajaba en ninguna de esas categorías ese día. Yo había comenzado a subir la escalera para ir a otro cuarto y sentí que Dios me decía (no en voz audible sino como una suave indicación en la mente) que regresara y fuera a ver a Joe. No tenía mucho sentido porque él no me había parecido ni muy enfermo ni muy desalentado cuando lo había visitado hacía unos pocos días. Además, ya había hecho planes para visitar a Joe por la tarde; pero en cambio, había escuchado lo que la Biblia llama "la voz suave y apacible" de Dios y me dirigí a la sala de Joe.

Él se mostró feliz de verme y no perdimos mucho tiempo hablando de trivialidades. En cambio, él fue directo al grano del asunto que tenía por delante.

"Estoy a punto de morir y estoy tratando de poner todos mis asuntos en orden," me dijo sin rodeos, mientras respiraba con dificultad ayudado por tubos de oxígeno en la nariz.

Cuando los enfermos me dicen que se están muriendo, mi primer instinto es decirles: "No, usted va a mejorar; no abandone la lucha."

No obstante, he llegado a darme cuenta, al ministrar a personas con enfermedades médicamente incurables, de que muchas veces la gente quiere hablar sobre su muerte y nadie los escucha. Creo que por lo general, las personas saben cuándo están muriendo, y si las amamos, debemos dejarlas hablar de lo que piensan y sienten.

Recuerdo a una paciente a quien visité en el hospital y me dijo que sabía que se estaba muriendo. Su esposo, que estaba a su lado, se volvió a mí con una mirada de terror. "Ella no se está muriendo. Dígale que no; dígale que no se está muriendo," me rogó con la voz cada vez más alta y agitada.

Yo me vi en un terrible dilema porque no quería pasar por alto los sentimientos de la paciente y tampoco quería mortificar más a su esposo. Dije entre dientes algo sobre "nadie sabe eso con certeza" y cambié el tema. *Voy a volver mañana y voy a hablar con la paciente cuando esté sola*, me dije a mí misma.

Ella murió al día siguiente antes de que yo llegara allí y supe que yo la había defraudado.

Yo no iba a hacer lo mismo con Joe. Así que cuando me dijo que se estaba preparando para morir, no le puse argumentos. Simplemente moví mi silla un poco más cerca de su cama y le dije: "Hábleme sobre eso."

Me dijo que había escrito su testamento vital y que un trabajador social del hospital había sido testigo cuando lo firmó. También había tratado de escribir todas las cosas prácticas que su esposa tendría que hacer después de que él no estuviera.

—Hay otra cosa que he estado tratando de hacer —me dijo.

—¿Qué es? —le pregunté con curiosidad, porque parecía que tenía todas las cosas en orden.

—He estado tratando de recordar todos mis pecados —me dijo como si estuviera relatando algo normal—. Espero no haberme olvidado de ninguno.

Sus palabras me sorprendieron bastante. ¡Más de siete décadas de vida y estaba tratando de recordar cada palabra, hecho o pensamiento pecaminoso!

—¡Qué cosa! Eso es mucho para recordar —le dije tratando de ganar tiempo para poder pensar en algo más profundo que decir.

Me dijo que había tenido esa idea cuando estuvo de vacaciones en Carolina del Norte hacía poco tiempo.

—Sabía que tenía que ir a confesarme tan pronto como llegué a casa, así que lo hice —dijo—. Espero no haberme olvidado de nada.

Dejé que sus palabras me penetraran hondo en la mente. Mientras pensaba en lo que había dicho, me di cuenta de que Joe me estaba diciendo que quería estar seguro de que estaba listo para encontrarse con Dios. Sentí una ola de gozo y a la vez un poco de tristeza mientras consideraba sus palabras. Me sentí alentada de que Joe hubiera considerado sus pecados —cualquier cosa que desagrada a Dios— con tanta seriedad y de que supiera que necesitaba perdón, y sentí tristeza porque parecía que la culpa todavía ahora era un peso para él.

—Le tengo buenas noticias —le dije finalmente, rompiendo el silencio—. Aun si usted no puede recordar cada uno de sus pecados, quiero decirle que la Biblia nos enseña que podemos recibir perdón por cada uno de ellos.

Él comenzó a sonreír mientras escuchaba con mucha atención, así que comencé a compartir versículos bíblicos que nos dicen que Dios tiene poder para perdonar nuestros pecados. Le dije que la Biblia sí dice que debemos admitir nuestros pecados a Dios, pero lo podemos hacer aun si no recordamos con exactitud cada uno de ellos.

Compartí con Joe que yo había tenido una experiencia espiritual que me cambió la vida cuando estaba asistiendo a la universidad y que había tratado de pensar en todas las personas en mi vida (tenía diecinueve años en aquella época) a quienes había ofendido. Escribí cartas o llamé por teléfono confesando mis pecados a cada una de esas personas, pidiéndoles perdón. No tengo duda de que no me acordé de algunos de los pecados, pero tampoco tengo duda de que Dios me perdonó todos mis pecados, porque ¡él sabe que yo los hubiera admitido si los hubiera recordado!

Dios mira la actitud del corazón como lo más importante de todo (1 Samuel 16:7). Conozco a personas que fielmente fueron a confesarse a su iglesia todas las semanas, pero que ese acto no las cambió; simplemente les alivió la conciencia por otros siete días.

Me di cuenta de que Joe quería más que sentir alivio en la conciencia. Lo que él verdaderamente quería era que hubiera paz entre él y su Creador, y no creo que eso sea algo inusual.

Hace unos años leí el informe de una encuesta de la organización Gallup sobre creencias espirituales y el proceso de la muerte. Ese informe mostró que 56 por ciento de los que contestaron la encuesta estaban preocupados de que Dios no los perdonara antes de morir y que 51 por ciento se preocupaba de ser quitado o removido de la presencia de Dios mientras morían.

Yo sabía que Joe necesitaba saber qué era lo que le pasaría después de que muriera.

—Realmente no hay nada que podamos agregar a lo que Jesús hizo en la cruz por nosotros; Jesús pagó el precio por nuestros pecados —le dije finalmente.

—Estaba pensando en eso el otro día —me respondió Joe—. Estaba pensando en lo que Dios nos dio cuando sacrificó a su único Hijo por nosotros y eso me hizo comenzar a llorar.

Nuevamente me sentí triste y alentada a la vez. Alentada porque Joe entendía el don increíble que nos dio Dios cuando envió a su Hijo al mundo y triste porque no parecía tener la seguridad de que cuando muriera iba a ir al cielo. Así que de vuelta leímos versículos bíblicos y hablamos de que podemos saber con seguridad dónde vamos a pasar la eternidad; no porque seamos perfectos, sino porque tenemos un Salvador perfecto. Oramos juntos, reafirmando que Joe confiaba solo en Jesús para que le perdonara todos sus pecados y lo llevara al cielo.

Un joven de terapia respiratoria, con uniforme verde oscuro, entró a la sala y le ofreció a Joe un tratamiento para ayudarlo a respirar, pero Joe le dijo que se sentía bien y que no lo necesitaba. El terapeuta le revisó la respiración y dijo que regresaría un poco más tarde.

Joe y yo continuamos nuestra conversación, pero yo no lo quería cansar demasiado, así que ofrecí leerle algo de la Biblia mientras él descansaba. Se recostó, y a veces cerraba los ojos, pero seguía escuchando mientras dejaba que las palabras de paz de Dios le llenaran la mente.

Me encanta ver Filipenses 4:6-7 en acción: "No se preocupen por nada; en cambio, oren por todo. Díganle a Dios lo que necesitan y denle gracias por todo lo que él ha hecho. Así experimentarán la paz de Dios, que supera todo lo que podemos entender. La paz de Dios cuidará su corazón y su mente mientras vivan en Cristo Jesús."

"No puedo decirle lo bien que me siento," dijo Joe con una gran sonrisa después de que le dije que me iba para que él pudiera dormir.

"Comencé a sentirme mejor tan pronto como usted entró a la sala," me dijo, "y ahora me siento tan bien que siento que me podría levantar y bailar por toda la sala."

Le expliqué que al entrar en la sala, había sido la presencia de Dios en mí lo que había sentido que le tocaba el corazón, y que a medida que hablábamos, había sido la paz de Dios la que lo había invadido y le había calmado la mente. Él tomó mis manos entre sus arrugadas manos, agradeciéndome y pidiéndome que volviera al día siguiente para leerle más pasajes de la Biblia.

Le di un abrazo, sorprendida de lo mucho mejor que se veía física-mente, y le prometí volver al día siguiente.

Miré mi reloj mientras caminaba por el pasillo y vi que eran las 11:30 de la mañana. Había pasado tanto tiempo con Joe que tendría que regresar más tarde para ver al resto de los pacientes.

Marc estaba ocupado en su oficina cuando regresé, así que no tuve oportunidad de contarle sobre la maravillosa experiencia con Joe. Siempre me gusta compartir con Marc las conversaciones alentadoras sobre asuntos espirituales, porque si no fuera por su generosidad de pagarme un sueldo para que trabaje con los pacientes, yo no tendría un asiento en primera fila para ver tantos toques del Señor. Quiero que Marc, aunque sea de segunda mano, comparta el gozo.

Cuando llegué al trabajo a la mañana siguiente, Marc me dijo con naturalidad que Joe había muerto.

—¿Qué? ¡No puede ser! —le respondí—. Lo vi ayer y estaba mejor. Tuvimos una conversación muy buena.

—Hablaba en forma ininteligible cuando hice mis visitas en el hospital ayer a eso de las cinco de la tarde —me dijo Marc—. Murió un poco después de las cuatro de la madrugada.

Más tarde leí lo que Marc había escrito en la ficha de Joe, que él estaba "muy débil, letárgico y no respondía," cuando lo vio más tarde aquel martes.

No lo podía creer. En menos de seis horas después de que yo hubiera conversado amigablemente con Joe y que él estuviera listo para danzar en la sala, Joe estaba letárgico; y ni siquiera doce horas después de eso, había fallecido. Él se veía y se sentía muy vivo cuando lo visité.

Entonces, así es como se siente el perdón de Dios a favor de alguien.
Eso es lo que hace la paz de Dios por una persona.
Así es como se ve alguien que sabe que está yendo a su Hogar.

Si Dios puede hacer eso por alguien que está en sus últimos momentos de vida, ¡imagínese lo que Dios puede hacer por nosotros en cualquier momento!

Piense en lo siguiente. La gente que tiene enfermedades médicamente incurables no es la única que está clasificada como "terminal." Desde el jardín del Edén se nos ha diagnosticado como "terminales." Desde que Adán y Eva desobedecieron a Dios y comieron el fruto prohibido del árbol del conocimiento del bien y del mal, Dios dice que todos moriremos físicamente. ¡Usted y yo ya teníamos una enfermedad que nos amenazaba la vida mucho antes de tener cáncer!

La enfermedad es el pecado y el diagnóstico es "terminal."

Con cáncer o sin él, nadie se va vivo de este mundo. Aun si recibimos sanidad milagrosa o médica, finalmente vamos a morir. Desde que Dios echó a Adán y a Eva del Paraíso, hemos sido peregrinos que vamos camino a nuestro verdadero hogar. El apóstol Pedro entendió esto con mucha claridad y nos describe como "extranjeros y residentes temporales" (1 Pedro 2:11).

Sin embargo, a veces las cosas aquí nos van tan bien que nos olvidamos de eso. Yo sé que me olvidé. Comenzamos a sentir que esta tierra es nuestro hogar y queremos vivir aquí para siempre, pero cuando nos llega un diagnóstico de cáncer, puede ser un buen recordatorio de que todos nosotros —pacientes de cáncer o no— estamos aquí de paso.

Un día, cuando me estaba lamentando del hecho de que la vida era dura e injusta, mi esposo correctamente me señaló que si todo fuera fácil y justo en la vida, no tendría el anhelo de ir al cielo que Dios quiere que tenga. Él estaba en lo correcto. Lo que yo anhelaba eran "los buenos días de antaño" a.C. (antes del Cáncer), y Dios quería que yo lo anhelara a él y los maravillosos días por delante en mi futuro hogar con él.

Es fácil olvidar que usted y yo fuimos creados para tener comunión con el Padre y que todas las demás relaciones deben estar en segundo lugar.

Cuando tuve cáncer, tuve que enfrentar esta pregunta: *¿Que es lo más importante para mí, mi vida en la tierra o mi relación con Dios?* Es fácil decir que amamos a Dios más que a nadie o a cualquier cosa, pero cuando las cosas se ponen malas (o nos dan el diagnóstico de que tenemos cáncer), ¿estaremos añorando nuestro hogar celestial o solo estaremos aferrándonos a nuestra vida terrenal? No me interprete mal. No creo que Dios quiera que no nos preocupemos por nuestra familia o por nuestro hogar y que simplemente pasemos por la vida mirando hacia el cielo.

> **Él quiere que amemos a nuestra familia con un amor sin límites e incondicional.**
> **Pero Dios quiere que lo amemos más a él.**
> **Él quiere que amemos la vida con todo el corazón y que tengamos un propósito.**
> **Pero Dios quiere que lo amemos más a él.**
> **Dios quiere que amemos a nuestro mundo y que lo cuidemos.**
> **Pero Dios quiere que lo amemos más a él.**

Anhelar el cielo no quiere decir que vamos a amar menos a la gente o a la vida; quiere decir que amamos aún más a Dios. Creo que este anhelo se describe en Romanos 8:22-25:

Pues sabemos que, hasta el día de hoy, toda la creación gime de angustia como si tuviera dolores de parto; y los creyentes también gemimos —aunque tenemos al Espíritu de Dios en nosotros como una muestra anticipada de la gloria futura— porque anhelamos que nuestro cuerpo sea liberado del pecado y el sufrimiento. Nosotros también deseamos con una esperanza ferviente que llegue el día en que Dios nos dé todos nuestros derechos como sus hijos adoptivos, incluido el nuevo cuerpo que nos prometió. Recibimos esa esperanza cuando fuimos salvos. (Si uno ya tiene algo, no necesita esperarlo; pero si deseamos algo que todavía no tenemos, debemos esperar con paciencia y confianza).

Un diagnóstico de cáncer es uno de esos gemidos mientras esperamos nuestro cuerpo nuevo e inmortal, nuestro cuerpo celestial. Confieso que, como la mayoría de las personas, quiero el cielo aquí en la tierra. Quiero que Apocalipsis 21:4 sea una realidad *ahora* para todas las personas que están enfermas que conozco:

*Él les secará toda lágrima de los ojos, y no habrá más muerte
ni tristeza ni llanto ni dolor.*

Sin embargo, esa no es una promesa para ahora en la tierra. Es una
promesa para más adelante en el nuevo cielo, después de que el primer cielo y la primera tierra hayan dejado de existir. Dios promete
que un día hará nuevas todas las cosas (Apocalipsis 21:5). Entre tanto,
esperamos lo que no tenemos, sabiendo que un día lo vamos a tener.

Si usted o su ser querido tiene cáncer, la vida no ha sido justa con
usted, pero por favor, recuerde que esta vida no es todo lo que hay.
Disfrute del hogar que tiene aquí por el tiempo en que Dios lo deje
aquí, pero si usted es creyente, nunca olvide que en realidad, usted
no pertenece a este lugar.

Quisiera que hubiera podido ver el gozo en el rostro de Joe unas
pocas horas antes de morir.

No tendría tanto miedo de ir a su Hogar.

Tenga ánimo: El cáncer es un buen recordatorio de que el cielo
es nuestro verdadero hogar.

～El doctor Marc Hirsh

Un médico se encuentra con el Médico por excelencia

SÉ QUE SE SUPONE QUE ESTE LIBRO contenga solo historias de pacientes de cáncer, pero tengo una historia alentadora más que quiero compartir con usted y no es precisamente la de un paciente de cáncer. Es la historia de un doctor de pacientes de cáncer . . . mi doctor, Marc Hirsh.

Sin embargo, no se trata solo de su historia; también es un poco de mi propia historia.

Es la historia de cómo un médico judío conoció al Médico por excelencia, lo cual cambió su vida para siempre; y también cambió la mía.

No obstante, lo más importante es que es otra historia de la maravillosa intervención de Dios en nuestras vidas.

Cuando yo estaba recibiendo quimioterapia, mis amigos cristianos estaban entusiasmados porque el médico que me trataba tenía una fuerte fe espiritual y a menudo me preguntaban: "¿Cómo es que esta pequeña ciudad pudo conseguir un oncólogo judío mesiánico de tanta experiencia y tan respetado en su campo de trabajo?" Yo les respondía en broma que Dios lo había traído aquí solo por mí.

Ahora sé que hubo más verdad en esa declaración de lo que pude comprender en aquel tiempo.

Un diagnóstico de cáncer, o de cualquier enfermedad que amenaza la vida, por lo general despierta muchas emociones. Por lo general, el agradecimiento no está en la lista. Cuando me enteré de que mis células no estaban funcionando bien y que habían permitido que el cáncer se desarrollara dentro de mí, agradecimiento fue lo *último* que sentí.

No obstante, pensaba una y otra vez sobre la amonestación de la Biblia que dice: "Sean agradecidos en toda circunstancia" (1 Tesalonicenses 5:18). Yo sabía lo suficiente como para darme cuenta de que eso *no* quería decir que yo tenía que ser masoquista de alguna manera y alabar a Dios por cada cosa horrible que me pase. En cambio, creía que significaba que podía tener un corazón agradecido sin importar lo deprimente que fueran mis circunstancias.

Así que, unas semanas después de mi diagnóstico, comencé a buscar algo por lo cual podía estar agradecida. Tuve otra de esas conversaciones entre mi mente y mi corazón.

Veamos . . . tengo cáncer a los treinta y seis años de edad, a pesar de haberme cuidado siempre físicamente. No, no puedo pensar en nada por lo cual dar gracias allí.

Mis tres pequeñas hijas tal vez tendrán que crecer sin madre. No, eso tampoco funciona.

Voy a tener que recibir quimioterapia tóxica, cuando a mí ni siquiera me gusta tomar una aspirina. Aquí no hay nada por lo cual sentirme agradecida.

Finalmente, me di cuenta.

¡Por el doctor Hirsh! Tengo un oncólogo que es judío mesiánico. ¿Quién sabe? Tal vez sea el único oncólogo judío mesiánico del mundo y vive a unos once kilómetros de mi casa. Con humildad, incliné la cabeza y el corazón, y por primera vez desde que había escuchado las terribles palabras "usted tiene cáncer," le di gracias a Dios en medio de mis circunstancias.

"Padre, sabes que no me siento feliz con mi situación, pero quiero darte gracias por haber guiado al doctor Marc Hirsh aquí para que sea mi doctor."

Me puedo imaginar a Dios sonriendo y diciendo: "Ahora te estás dando cuenta. Espera a ver lo muy agradecida que vas a estar por él cuando veas cómo voy a usar a ese médico para cambiarte la vida."

El camino que llevó a Marc a una relación personal con Dios es muy diferente al de mi propia trayectoria espiritual. Yo me crié en un hogar cristiano y llegué a una fe personal profunda a través del ministerio de la Cruzada Estudiantil para Cristo cuando estudiaba en Ohio State University en la primera parte de la década de los años setenta.

En cambio, Marc fue criado en un hogar judío reformado y liberal, en un vecindario judío de los suburbios de la ciudad de Nueva York. Además de sus estudios escolares regulares, dos noches por semana asistía a una escuela hebrea y los sábados asistía a los servicios en una sinagoga local. Su familia observaba los días festivos judíos y él tuvo su *bar mitzvah* a los trece años de edad.

Marc recuerda que la mayor parte de su conocimiento religioso lo obtuvo del libro de oración llamado el Sidur, que es una colección de oraciones hebreas y escritos que se basan en el Antiguo Testamento, el Talmud y otros escritores sabios judíos.

"Muy pocas veces mi familia leía la Biblia, pero mis padres nos inculcaron a mi hermano y a mí un fuerte sentido de identidad y cultura judías, y del Sionismo (que es el derecho de los judíos de vivir en la tierra de Israel y de controlarla)," dice él. "Yo conocía muy bien las lecciones del Holocausto y la historia del antisemitismo, pero no tenía una vida personal de oración ni una relación con Dios, y tampoco tenía interés alguno en el cristianismo."

Marc explica que fue criado en un hogar opulento y su forma de pensar era materialista. Desde muy temprana edad, sus padres lo alentaron para que fuera médico, y con muy buena disposición, él siguió esa carrera. Después de haberse graduado de Johns Hopkins University en 1973, recibió su título de médico de Albany Medical College, e hizo su residencia en medicina interna en lo que entonces se llamaba Baltimore City Hospital.

"En aquella época de mi vida, mi carrera médica marchaba muy bien y había logrado todas las cosas que me había propuesto como meta," explica él. "No sentía necesidad de Dios ni de ninguna religión, incluyendo el judaísmo. En realidad, dudaba de la existencia de Dios y mi filosofía de la vida se podría haber expresado así: 'Comamos, bebamos y disfrutemos. Goza de la vida al máximo y haz lo que te da la gana.'"

A pesar de que su vida personal no era un ejemplo, para el verano del año 1979, la vida profesional del joven médico marchaba muy bien. Cursaba su tercer año de residencia con mucho éxito y era muy respetado.

Sin embargo, a los veintinueve años de edad, Marc estaba a punto de tener un encuentro divino que cambiaría drásticamente su vida personal y profesional. En la piscina del edificio de departamentos donde vivía, conoció a una joven salvavidas llamada Elizabeth.

Mientras estaba sentado al lado de la piscina, bebiendo cerveza y recibiendo llamadas del hospital en su localizador personal, notó algo en esa atractiva joven salvavidas en su brillante traje de baño azul: a menudo leía un pequeño libro negro.

"Yo no sabía que ella era cristiana, pero noté un gozo y una paz en su vida que yo no tenía," recuerda él.

Comenzaron su amistad y "pasamos horas hablando y debatiendo sobre la realidad de Dios y la importancia de la Biblia, tanto del Antiguo como del Nuevo Testamento," dice Marc, quien encontró fascinante y a la vez ridículo que esta joven mujer creyera que la respuesta a su propia crisis existencial acerca del significado de la vida se pudiera encontrar en esas gastadas páginas del pequeño libro negro.

Finalmente, esa "amistad teológica" cambió y Marc invitó a Elizabeth a salir con él.

"La invité a ir a un bar para tomar unos tragos, pero me dijo que ella no iba a bares," recuerda él. "Entonces la invité a ir a una discoteca, pero me dijo que no iba a las discotecas. Entonces la invité a ir a ver una película y me dijo que dependía de cuál era la película."

Exasperado, pero sin darse por vencido, le preguntó: "¿Qué tal ir a cenar? Tú comes, ¿no?"

Así que por fin fueron a cenar y la amistad y las charlas entre ellos continuaron.

Con el tiempo, ella lo desafió con estas palabras: "Si oras y lees la Biblia con la mente abierta, Dios se te va a revelar."

Él aceptó el desafío y le permitió que le comprara una Biblia. ("Que no sea una de esas Biblias con las palabras de Jesús en rojo," insistió él.) Y para "demostrar que ella estaba equivocada," comenzó a leer la Biblia desde la primera página, en el libro de Génesis, capítulo 1.

No obstante, algo extraño le sucedió mientras leía: comenzó a sentir "una Presencia" a su alrededor.

"Las palabras de las páginas comenzaron a impartirle significado a mi vida," recuerda Marc. "Cuando terminé de leer el Antiguo Testamento, había decidido que Dios sí existe y que quería vivir según el estilo de vida judío.

"Me preguntaba si debía seguir leyendo la Biblia, porque sabía que Jesús es para los cristianos, no para los judíos," continúa él.

Mientras tanto, Elizabeth les había pedido a sus amigos cristianos que oraran por su amigo, el médico judío, pidiendo que tuviera un deseo insaciable de continuar leyendo la Biblia y que no pudiera dejar de leerla.

Después de unos pocos días, él decidió comenzar a leer el Nuevo Testamento.

"Cuando leí los Evangelios, ¡quedé maravillado!" recuerda Marc. "Jesús era un hombre judío que vino para los judíos. Vivió una vida perfecta en cuanto a la Torá (las instrucciones judías) y fue nuestro ejemplo. Él murió por nuestros pecados."

Cuando leyó el Evangelio de Juan, el joven médico que pensó que lo tenía todo se dio cuenta de que no tenía nada.

"Me sentí culpable por lo pecaminoso que era mi estilo de vida y supe lo que tenía que hacer," dice él. "Caí de rodillas, le confesé mis pecados a Dios y le pedí a Jesús, el Mesías prometido, que viniera a mi vida."

Dios le había hablado y se le había revelado, tal como Elizabeth le había dicho que sucedería.

Muy poco tiempo después, Marc se hizo miembro de una congregación judía mesiánica en Owings Mills, Maryland, donde podía adorar a Jesús como el Mesías, de la manera particular en que adoran los judíos. Se casó con la joven salvavidas llamada Elizabeth (quien realmente había sido usada para salvarle la vida a él).

Una prestigiosa beca de investigación sobre la artritis y la reumatología lo esperaba en el centro médico Montefiore-Einstein en la ciudad de Nueva York, pero él no la aceptó porque sentía que Dios lo estaba llamando en otra dirección ahora que era un nuevo creyente, lejos de la cultura de su juventud.

Llamó al National Health Service Corps (Cuerpo Nacional de Servicios para la Salud) y les dijo que se ofrecía de voluntario para trabajar en un área donde no hubiera suficientes médicos. El NHSC lo aceptó, a pesar de que su solicitud era muy inusual. Por lo general, los miembros de esa organización no son voluntarios, sino que están *obligados* a trabajar para pagar toda la ayuda financiera recibida durante sus estudios médicos.

Después de algunas investigaciones, Marc encontró trabajo en Big Island, Virginia, en las montañas Blue Ridge, donde practicó medicina familiar y medicina interna, como el *único* médico en un área de más de treinta kilómetros. Su oficina se encontraba en la parte superior del edificio del equipo de rescate del lugar, donde él era también el "médico de la sala de emergencia," porque el equipo de rescate le llevaba primero a él a todas las personas que rescataba.

Marc y Elizabeth se hicieron miembros de una pequeña iglesia bautista, donde él se conmovió por el sencillo estilo de vida y por la firmeza de fe en el Señor de la gente del lugar.

También se sintió conmovido por algunos de sus pacientes de cáncer, quienes tenían que viajar horas para llegar al centro médico más cercano para sus protocolos de investigación. Tomaba más de cuarenta y cinco minutos en automóvil, por caminos sinuosos en las montañas, para llegar al oncólogo más cercano.

Dios estaba a punto de usar esas circunstancias para cambiar nuevamente la dirección de la vida de ese joven médico. Marc comenzó a dar algunos tratamientos experimentales de quimioterapia en su oficina, porque los centros médicos estaban demasiado lejos para los pacientes que tenían que realizar el viaje de ida y vuelta.

Su interés por tratar a los pacientes con cáncer aumentó y siguiendo la guía de Dios, dejó la práctica en ese lugar rural después de haber estado allí siete años, para especializarse en oncología. Después de completar dos años de entrenamiento en el Hershey Medical Center, Marc, Elizabeth y sus dos hijas pequeñas comenzaron a buscar la ciudad apropiada para que él abriera su práctica privada. Ambos pensaron que un lugar con temperaturas más cálidas en el sur, en los estados de Carolina o en Virginia, sería bueno. Elizabeth especialmente quería vivir cerca del océano. Buscaron varias alternativas, pero nada resultó.

Mientras tanto, Marc conducía todos los meses los sesenta y cinco kilómetros desde Hershey hasta la pequeña ciudad de Hanover, porque Hanover Hospital necesitaba un oncólogo cuando se reunía la junta encargada de evaluar los casos de pacientes con tumores. Ninguno de los catedráticos de Hershey quería hacerlo porque había que levantarse muy temprano para estar en Hanover antes de las 7:00 a.m.

Sin embargo, el hospital le ofreció unos doscientos dólares por el viaje mensual y Marc estuvo de acuerdo debido a que tenían que hacer dos pagos de hipotecas, ya que la casa que tenían en Virginia todavía no se había vendido. En el mismo año le llegó la oferta de Hanover Hospital para establecerlo en una práctica privada en la comunidad.

Al principio, ni él ni Elizabeth estuvieron interesados, pero pronto se dieron cuenta de que esa pequeña ciudad quedaba a solo una hora de viaje en automóvil de los padres de ella en Baltimore y a solo cuarenta y cinco minutos de la congregación mesiánica donde ellos antes habían adorado juntos después de que él creyó en Jesús, el Mesías.

"Nos dimos cuenta de que ese era el lugar donde debíamos estar y donde Dios quería que estuviéramos," dice Marc.

Así que en julio de 1989, Marc abrió su práctica privada como el único oncólogo en Hanover, Pennsylvania, una ciudad de unas quince mil personas, donde el canal principal de agua era el riachuelo Codorus, ¡que corría a través del patio posterior de su casa!

Desde que llegó aquí, Marc ha estado tratando de incorporar su fe y sus oraciones en su práctica médica, y a veces inclusive ha compartido el evangelio con sus pacientes. No obstante, los sufrimientos, temores y necesidades de los pacientes que luchaban contra el cáncer y que recibían tratamientos de quimioterapia eran tantos que él apenas pudo comenzar a ayudarlos con sus necesidades espirituales.

Entonces en mayo de 1990 me conoció, cuando yo era periodista de un periódico local y estaba escribiendo un artículo sobre el nuevo grupo de apoyo para pacientes con cáncer del hospital. Irónicamente, seis semanas después yo volví a su oficina, pero esta vez como paciente con cáncer de colon fase III. A través de los siguientes años, a menudo Marc refería pacientes al grupo de oración y apoyo para pacientes con cáncer que yo había comenzado, y a menudo yo pasaba por la sala de quimioterapia para conversar con amigos que estaban recibiendo tratamiento.

Sin embargo, Marc sabía que eso no era suficiente.

"Día tras día en mi práctica, yo sabía que todavía no estábamos supliendo las intensas necesidades emocionales y espirituales de los pacientes," dice él. Marc quería a alguien que pudiera trabajar con los pacientes todos los días y me ofreció el trabajo para ser mediadora a favor de los pacientes.

En esta capacidad, me presento y recibo a los nuevos pacientes que llegan a la práctica. En forma breve les relato mi experiencia personal y les digo que tuve cáncer, que me operaron y que luego recibí quimioterapia, y les ofrezco conversar sobre cuestiones emocionales y espirituales que pudieran tener, mientras les brindo aliento y apoyo a través de los tratamientos. Estoy disponible para hablar, orar, reír y llorar con los pacientes y sus familiares, y mis servicios son gratuitos para *cualquier* paciente con cáncer que viva en la zona.

La mayoría de los pacientes con cáncer experimenta angustia, dolor, y tiene preguntas después de haber recibido el diagnóstico de una enfermedad que amenaza la vida. Tengo credibilidad instantánea, porque pasé por lo mismo que ellos.

Mi trabajo es proveerles una perspectiva bíblica a sus inquietudes y mostrarles el camino al "Dios de toda esperanza." Oro por ellos y *con* ellos en cada oportunidad que tengo. (Inclusive hemos designado una de las banderas de metal afuera de la sala de exámenes como una "bandera de oración," y si está levantada, quiere decir que estoy orando con un paciente, por lo que Marc espera antes de ingresar.)

"Tener a alguien como mediador o mediadora a favor de los pacientes es algo que tiene mucho sentido y me pregunto por qué no lo hicimos antes," me dijo Marc muy poco después de haber comenzado a trabajar con él, agregando que él "no se puede imaginar" practicar la medicina sin tener a alguien en una posición como la mía.

Yo no me puedo imaginar cómo sería mi vida si *no* fuera mediadora a favor de los pacientes. Casi no puedo creer a lo que ha llevado una corta oración de agradecimiento.

Si a usted le han diagnosticado cáncer, me pregunto si ha encontrado algo por lo cual estar agradecido en medio de sus circunstancias. Tal vez no tenga un oncólogo que es judío mesiánico (¡si lo tiene, nos encantaría saberlo!), pero creo que hay algo o alguien por quien podría pronunciar una oración de agradecimiento. Tal vez sea la oración que Dios quiere usar para comenzar a bendecir su vida.

Adelante, sea agradecido en toda circunstancia, inclusive si tiene cáncer.

Tenga ánimo: Una oración de agradecimiento puede poner en movimiento el poder de Dios porque él puede hacer mucho más de lo que pedimos o podemos imaginar.

El corazón, la mente y el alma de un sobreviviente de cáncer

NO SÉ CUÁL FUE SU ACTITUD cuando alguien le soltó las palabras "usted tiene cáncer," pero yo no tuve una buena actitud sobre mi diagnóstico. No tuvo sentido alguno para mí. Ni siquiera había tenido un resfrío en los últimos cuatro años. En mi familia nadie había tenido cáncer, y menos cáncer al colon, que por lo general ataca a personas de sesenta y cinco años o más. (Solo un 5 por ciento de los nuevos casos está presente en personas menores de cuarenta años.)

Los médicos movían la cabeza y decían que yo había hecho todo lo que hay que hacer para *no* tener cáncer. Nunca lo dije en voz alta, pero sí lo dije en mi corazón: *¿Por qué yo?* Recuerdo haber mirado a algunas personas que no se estaban cuidando bien y haber pensado: *Esta persona debería de tener cáncer o esa otra, pero yo no.*

Como ya he mencionado, mis sentimientos estaban complicados por el hecho de que la primera esposa de mi marido murió de esclerosis lateral amiotrófica mientras todavía eran recién casados en 1971. *Querido Dios*, clamó mi corazón, *él ya ha enterrado a una esposa; por cierto que esto no puede estar pasando de nuevo. . . . ¿Por qué yo?*

Entonces un día almorcé con mi amiga Pat, a quien había conocido en el grupo de apoyo para pacientes con cáncer del hospital. Ella tenía linfoma no-Hodgkin y me dijo que nunca había preguntado: "¿Por qué yo?"

En cambio ella había preguntado: "¿Por qué no yo?"

No lo podía creer, pero ella hablaba con mucha seriedad. Comencé a pensar en sus palabras. *¿Por qué no yo?*

Yo conocía las estadísticas —cerca de una de cada tres personas tendrá cáncer en algún momento de su vida—, pero de alguna forma yo estaba segura de que iba a ser una de las que no iba a tenerlo. De alguna forma me había convencido a mí misma de que si era una persona buena y hacía las cosas correctas, se me garantizaría que no iba a tener sufrimientos. Yo nunca habría articulado esa hipótesis en voz alta, porque sonaba muy vanidosa, pero en realidad era eso a lo que me refería cuando dije: "¿Por qué yo?" Yo estaba expresando el concepto de que de alguna forma a la gente buena no le pasan cosas malas.

Todos sabemos que eso no es cierto. A través de este libro he presentado a algunas personas realmente maravillosas quienes tuvieron que enfrentar el cáncer. En realidad, algunas de las personas *más agradables* que he conocido tienen cáncer.

Así que fui forzada a admitir que en este mundo lleno de enfermedades, yo no soy inmune a todas. Hice lo mejor que pude para que no me "diera" cáncer, pero no dio resultado.

Mientras hacía este recorrido con una enfermedad que no quería tener y que fue muy inoportuna, tanto en mi vida como en las vidas de cientos de pacientes con cáncer, comencé a preguntarme: *¿Qué es lo que necesita el corazón, la mente y el alma de un sobreviviente de cáncer?*

Este capítulo es mi respuesta a esa pregunta para mí misma. Tal vez sea también la respuesta para usted.

El corazón de un sobreviviente de cáncer necesita encontrar la actitud correcta.

¿Recuerda que dije que yo no tenía una buena actitud cuando me diagnosticaron el cáncer?

Bueno, finalmente llegué al punto —y sé que muchos de ustedes llegaron allí con mucha más rapidez que yo— cuando pregunté: *¿Por qué no yo?*

Creo que la aceptación es el primer paso que se necesita para llevar el corazón a la actitud correcta.

A menudo se dice que hay dos clases de personas en el mundo: las optimistas y las pesimistas. Le quiero recordar que el optimismo no siempre va a cambiar lo inevitable. Considere el caso del optimista que se cayó por una ventana del piso doce de un edificio. Cuando iba cayendo por el quinto piso, miró a su alrededor, sonrió y se dijo a sí mismo: "Por ahora todo va bien."

El pesimismo tampoco es una buena idea.

¿Escuchó sobre el granjero que vivía al lado de un pesimista? Si el granjero decía: "Es un día de sol muy lindo," el pesimista le contestaba: "Necesitamos lluvia." Si llovía y el granjero comentaba lo bueno que era que lloviera, el pesimista le respondía: "Probablemente arruinará las cosechas." Él siempre se las arreglaba para ver lo peor de cualquier situación.

No obstante, un día el granjero decidió que iba a terminar con el pesimismo de su vecino. Llamó al hombre para que fuera a su casa para ver un truco maravilloso que podía hacer su perro. El granjero tiró un palo que cayó en el centro de su estanque. De inmediato, el perro corrió hacia el estanque y caminó *sobre* el agua hacia el palo. Con cuidado lo tomó entre los dientes, caminó de vuelta sobre el agua sin hundirse hasta que llegó a la orilla y puso el palo a los pies del pesimista.

El granjero miró a su vecino y le dijo: "Bastante sorprendente, ¿no le parece?," a lo cual el pesimista respondió: "¿Su perro no sabe nadar, verdad?"

Es probable que usted piense que le voy a decir que sea optimista, pero no lo voy a hacer.

He descubierto que la mejor actitud para los pacientes con cáncer no es el optimismo total (*no hay duda alguna de que me voy a sanar*) ni el pesimismo total (*no hay duda alguna de que me voy a morir*), sino el ser realistas (*no hay duda alguna de que tengo una enfermedad que puede ser mortal y tal vez me sane o tal vez no, así que voy a hacer planes para las dos cosas*).

Cuando insistimos en que vamos a ser sanados, nos exponemos a una terrible derrota si eso no sucede. Por otra parte, si insistimos que nuestra situación no tiene esperanza, ya estamos derrotados antes de comenzar. Yo creo que es mejor ser realista y hacer planes financieros, emocionales y espirituales para partir de esta vida. Eso no es abandonar la lucha. Es aceptar nuestra mortalidad para poder vivir plenamente sin temor a la muerte.

He visto a muchas personas que rehúsan siquiera pensar que podrían no ser sanadas, porque quieren permanecer totalmente optimistas. Las que no fueron sanadas quedaron devastadas. También he visto a muchas personas cuya situación no tenía esperanza desde el punto de vista médico, pero continuaron viviendo sus vidas a plenitud y ¡algunas de ellas fueron declaradas libres de cáncer! (La semana pasada vino a nuestra oficina una paciente que había tenido una recaída de linfoma no-Hodgkin solo tres meses después de haber recibido un transplante de médula ósea. Debido a que no existía otro tratamiento en esa época que le pudiera ofrecer una esperanza de curación, ella eligió que le extirparan el tumor y no hizo nada más. Eso sucedió hace ocho años y desde entonces ¡no ha tenido ningún otro síntoma de cáncer!)

Por favor, no me interprete mal, pero siento que hay una diferencia entre el optimismo total y una actitud positiva. El optimismo total dice: "Definitivamente, sin duda alguna, voy a ser sanado." Una actitud positiva dice: "Espero, oro y quisiera ser sanado, pero aun si no lo soy, no voy a ser derrotado."

Una actitud de optimismo total insiste en que los limones se van a endulzar. Una actitud positiva hace limonada con los limones.

Una actitud positiva lo ayudará a sanarse —física, emocional y espiritualmente— pero lo puede curar o no. Como persona a cargo de un grupo de apoyo para pacientes con cáncer y como mediadora a favor de los pacientes con cáncer, he visto a muchas personas con actitudes maravillosas y positivas que no se sanaron, pero también he visto a personas con actitudes que dejaban mucho que desear, que están muy bien. Quisiera poder decir que si usted tiene una actitud positiva va a mejorar, pero no existen garantías. Si somos honestos, todos debemos admitir que hemos conocido a personas con muy buenas actitudes que no se mejoraron del cáncer o de cualquier otra enfermedad.

Recuerdo cuando la gente me decía: "Piense positivamente; usted puede vencer esto." En realidad, eso no me hacía sentir mejor. En cambio, sentía más presión. Si yo no era lo suficientemente positiva y optimista, no me iba a mejorar y sería por mi culpa.

Ahora me he dado cuenta de que ser positivo y tener una buena actitud nos cambia a nosotros y a los que están a nuestro alrededor, para sentirnos mejor, pero no es una garantía de que vamos a mejorar físicamente.

Muchos días lloré y también muchos días sentí lástima de mí misma, pero traté de estar en control en cuanto a la actitud de mi corazón. Había tantas otras cosas que estaban fuera de mi control:

Las drogas que necesitaba en la quimioterapia
La frecuencia con que las necesitaba
El grado de toxicidad que tenían
Mi prognosis médica

No tenía control alguno sobre ninguna de esas cosas, pero podía controlar mi actitud. La actitud correcta le dará mejor calidad de vida y tal vez se la extenderá.

Me encanta la forma en que el escritor Chuck Swindoll describe la importancia de la actitud: "Las palabras jamás pueden describir el increíble impacto de nuestra actitud hacia la vida. Cuanto más vivo, más convencido estoy de que la vida es 10 por ciento lo que nos sucede y 90 por ciento la forma en que respondemos ante eso. Yo creo que la decisión más importante que puedo hacer todos los días está en la elección de mi actitud. Es más importante que mi pasado, mi educación, mi cuenta bancaria, mis éxitos o fracasos, la fama o el dolor, lo que otras personas piensen o digan de mí, mis circunstancias o mi situación. La actitud me mantiene andando o perjudica mi progreso. Aviva el fuego que hay dentro de mí, o asalta mi esperanza. Cuando tengo la actitud correcta, no hay barrera demasiado alta, ni valle muy profundo, ni sueño inalcanzable, ni desafío inconmensurable para mí."[1]

El corazón del sobreviviente de cáncer —su corazón— necesita tener la actitud correcta.

La mente del sobreviviente de cáncer necesita encontrar paz.

Antes de tener cáncer, yo no era una persona que se preocupara en exceso. Cuando alguien me decía que estaba preocupado por algo, yo con mucha *sensibilidad* le decía: "No piense en eso."

Después de mi diagnóstico, me convertí en una profesional de la preocupación. Es difícil no ser paranoico cuando a uno lo están revisando siempre para ver si tiene bultos o si hay recurrencias.

En una oportunidad, muy poco tiempo después de terminar mi tratamiento de quimioterapia, me encontré un bulto en el cuello. (Esto sucedió muy poco después de hablar con una amiga que tuvo cáncer a la tiroides.) Seguí presionando ese bulto y por cierto, cada vez me dolía más. Cuando fui a mi siguiente chequeo con Marc, le mencioné el bulto que me dolía. Con mucha amabilidad me dijo: "Deje de ejercer presión en ese bulto, o se va a morir. ¡Está ejerciendo presión en la arteria carótida y le está cortando el suministro de sangre al cerebro!"

También me preocupaba por otras cosas, como que mi esposo se iba a quedar viudo de nuevo y que mis hijas iban a crecer sin madre. Me preocupaba en los días feriados, pensando que iban a ser los últimos, y de que nunca me iba a sentir normal otra vez. Yo sabía que no era bueno preocuparse, así que me preocupaba por lo mucho que pasaba preocupada.

Sin embargo, es difícil dejar de preocuparse.

Recuerdo el primer día en que no me preocupé acerca del cáncer. En ese tiempo era periodista de un diario y estaba totalmente absorta en una historia que estaba escribiendo en mi computadora portátil. De pronto, miré el reloj con asombro; habían pasado dos horas enteras sin que yo pensara en el cáncer.

Ese fue el principio de mi aprendizaje del secreto de no preocuparse: otra cosa me tenía que ocupar la mente. Filipenses 4:8 dice: "Amados hermanos, . . . concéntrense en todo lo que es verdadero, todo lo honorable, todo lo justo, todo lo puro, todo lo bello y todo lo admirable. Piensen en cosas excelentes y dignas de alabanza."

Cuando otros pensamientos me llegaban a la mente, pensamientos de preocupación, me preguntaba si encajaban en esas categorías: verdadero, honorable, justo, puro, bello, admirable, excelente o digno de alabanza. Si no, me los quitaba de la mente y los reemplazaba con un pensamiento de esas categorías. Para mí, por lo general era una de las promesas de Dios de su Palabra. Cuando usted quiere vaciar su mente de las preocupaciones, asegúrese de encontrar algo alentador para poner en su lugar.

Otra manera de combatir las preocupaciones es no mirar demasiado hacia adelante en el camino. Corrie ten Boom, quien sobrevivió el Holocausto, escribió: "El preocuparse por el mañana le roba el gozo al día de hoy." Eso es muy cierto.

La mente encuentra paz cuando vivimos en el presente y no en el futuro lleno de incertidumbre. La gente solía decirme: "Tome un día a la vez." Personalmente, no podía pensar en tomar un día por vez. Eso era demasiado. Al principio, solo pensaba en tomar una *hora* por vez.

Pensar acerca de tomar seis meses de quimioterapia o treinta días de radiación o años de chequeos era demasiado abrumador. Pensar solo en pasar por la quimioterapia de hoy, o en la radiación de hoy, es una elección mucho mejor.

Creo que pasar por los tratamientos es como el entrenamiento atlético. Comencé a trotar en el verano de 1998. No estoy segura de qué fue lo que me impulsó a hacerlo. En ese entonces tenía cuarenta y cuatro años de edad, y nunca había trotado en mi edad adulta (a menos que cuente las veces que corrí detrás del autobús escolar cuando no tuve a mis hijas en la parada a tiempo).

No obstante, comencé a trotar en agosto de 1998, después de regresar de unas vacaciones muy relajantes. No soy una persona a quien le guste levantarse temprano en la mañana, pero me levantaba a las 6:30 cada dos días y corría unos tres kilómetros en las colinas Pigeon, que es donde vivo.

Mis hijas, que entonces tenían dieciséis, dieciocho y veinte años de edad, no lo podían creer cuando comencé a hacer eso. Hicieron muchas preguntas:

¿Por qué está comprando zapatillas de correr mamá?
¿Va a correr?
¿En la mañana?
¿Se levanta antes que papá?
¿*Nuestra* madre?

En realidad no me gusta correr; la única parte de eso que se siente bien es cuando paro de correr. (Sin embargo, he aprendido, desde que comencé a correr en una pista interior en la Asociación Cristiana de Jóvenes, que no detesto correr, pero detesto correr donde hay colinas.) Mientras corro, me tengo que autoconvencer para no dejar de correr.

¿Ves aquel poste de teléfono un poco más arriba? Puedes llegar allí. Lo has hecho antes y lo puedes hacer otra vez. Recuerda que mañana tienes el día libre; no tienes que volver a hacer esto enseguida.

En especial tengo que hablar conmigo misma cuando corro por la empinada cuesta que lleva a mi casa. Cuando comencé, nunca creí que iba a poder subir esa cuesta, pero un día decidí correr solo la mitad de arriba, la cual no era tan empinada. Otro día, había llegado a la parte de abajo y estaba lista para comenzar a caminar cuando vi a mi vecino Jim, en su automóvil, esperando con sus hijos el autobús escolar. Jim es más joven que yo y es muy atlético, y yo sabía que me iba a hacer muchas bromas si me veía subir caminando, así que seguí corriendo . . . y ¡lo logré!

Es la misma forma en que me hablaba a mí misma cuando tuve que recibir el tratamiento de quimioterapia todas las semanas durante seis meses.

Lo has hecho antes; lo puedes hacer de nuevo.
Recuerda, después de esto, tienes seis días libres.
No pienses en todas las otras veces que te faltan.
No mires la colina empinada.
Enfócate en lo que estás haciendo en este momento.

Mientras mantenía la mente en el presente, enfocada en esa meta, tenía paz.

Cuando usted escuche la frase *y qué si* que le salta de golpe en la mente, sabe que la paz está a punto de irse. Cerca de 90 por ciento de las cosas por las que me preocupé nunca sucedieron. La mayoría de los "y qué si" nunca tuvo lugar.

En abril de 1997 me enfrenté a un posible "y qué si." Para mí, el gran "y qué si" es: "¿Y qué si el cáncer vuelve?" (Por lo general el cáncer al colon no puede ser curado si vuelve, porque se esparce a otros órganos vitales.)

Aquel mes de abril, debido a un episodio de sangrado vaginal irregular, me hicieron un ecograma, que mostró una masa que envolvía uno de mis ovarios. "Es probable que solo sea un quiste benigno [a mí me han salido antes]. Lo vamos a observar durante tres meses," me dijo mi ginecóloga, y yo estuve de acuerdo. Sin embargo, un par de días más tarde, ella me llamó al trabajo.

—Hablé de su caso con mis colegas y todos piensan que este es un crecimiento anormal y que debe ser extirpado —me dijo la doctora.

—¿Qué cree usted que es? —le pregunté.

—Es probable que no sea nada —me dijo—, pero podría ser cáncer al ovario o una recurrencia del cáncer al colon.

Sentí un nudo en el estómago, pero traté de permanecer en calma y de mostrarme tranquila.

—Necesitaremos tener presente a un cirujano general, por si es una recurrencia del cáncer al colon y es preciso hacerle más cirugía —agregó ella.

Hablamos sobre algunos detalles relacionados a la operación y luego colgué el auricular.

Todas las preocupaciones y temores que pensé que había conquistado volvieron después de casi siete años.

En mi trabajo como mediadora a favor de los pacientes, yo aliento a todos emocional y espiritualmente, y les recuerdo que se puede confiar en Dios sin importar cuáles son las circunstancias. Ahora yo averiguaría de nuevo si podía confiar en Dios a pesar de *mis* circunstancias.

Me llevó unas cuarenta y ocho horas, pero recuerdo que estaba sentada en mi dormitorio cuando le dije a Dios: "Bueno, esto no me gusta nada. Creo que es horrible. No me quiero morir y no quiero recibir más quimioterapia, pero, Dios, tú has sido tan fiel en mi vida, y me has bendecido tanto a través de mi experiencia con el cáncer, que tendría que estar loca para no confiar en ti ahora. Así que, sea lo que sea que me espere en el futuro, sé que tú estás en control y tengo fe en ti."

De inmediato se me inundó la mente de paz. (P.D. El tumor fue benigno.)

Leí en algún lugar, y lo creo firmemente, que "el dolor mira hacia atrás, la preocupación mira alrededor y la fe mira hacia arriba."

La mente de un sobreviviente de cáncer —su mente— necesita encontrar paz.

~ ~ ~

Finalmente, el alma de un sobreviviente de cáncer necesita encontrar esperanza.

Creo que lo que más queremos, nosotros los pacientes de cáncer, es esperanza: esperanza para hoy y especialmente esperanza para nuestros "mañanas."

Tenemos esperanza de una cura, o por lo menos una remisión larga. Esperamos que la cirugía haya tenido éxito o que el tratamiento no sea muy tóxico. He visto a personas que han puesto su esperanza en toda clase de cosas: vitaminas, suplementos de nutrición, dietas macrobióticas, enemas de café. Alguna gente pone su fe en su médico y en las habilidades de él o de ella. Otras personas sienten que no tienen esperanza. Tal vez algún médico le haya dicho a usted que *no* existe esperanza alguna.

Me gusta lo que Marc le dice a la gente cuando le preguntan:

—¿Hay alguna esperanza?

—Siempre hay esperanza en Dios —les dice él.

Hace poco leí un escrito sobre la esperanza que explica que la esperanza no tiene que ser singular:

La esperanza es algo que les viene en forma natural a algunas personas. Otras tal vez tengan que esforzarse para conseguirla. Informarse, controlarse, desarrollar la fe, adoptar prioridades, encontrar un propósito: todas estas son maneras de tratar de ponerse en contacto con la esperanza.

Cuando la mayoría de los pacientes dice "esperanza," lo que quiere decir es esperanza de una cura. Para nosotros, la esperanza significa mucho más que eso. Nuestra definición de esperanza es una actitud positiva, no necesariamente relacionada con obtener una cura. Tener esperanza significa aceptar la realidad de cualquier situación enfocándose en los aspectos rescatables de dicha situación. Tener esperanza es buscar lo positivo en nuestras circunstancias, ya sea que esas circunstancias sean buenas o sean malas. . . . Tener esperanza es poder enfocarse en lo que es más importante para usted. Eso significa que la esperanza es algo muy individual. . . . Para una persona, la esperanza puede ser que espera una cura. Para otra, puede ser la esperanza de morir en paz.

Para una persona, la esperanza puede ser esperar tener la mejor calidad posible de vida. Para otra, la esperanza puede ser lograr que su vida tenga un fin positivo y arreglar antiguos malentendidos, terminar el trabajo inconcluso, aceptar y resolver antiguos temores.

Para una persona, la esperanza puede ser la esperanza de vivir de tal manera que su vida haya hecho una diferencia en la vida de otras personas. Para otra persona, puede ser la esperanza de morir de tal manera que su muerte haga una diferencia en la vida de otros.[2]

Cuando yo estaba recibiendo el tratamiento para el cáncer y luego tuve que vivir con la realidad de que tuviera como 40 por ciento de posibilidades de sobrevivir, muchas personas me preguntaron: "¿Cómo lo hace?" La respuesta era que yo tenía esperanza. Nada acerca del cáncer tenía sentido para mí.

¿Por qué una persona joven y saludable como yo tenía cáncer?

¿Por qué mi esposo tenía que enfrentar otra vez la posibilidad de quedarse viudo?

¿Cómo iban a crecer mis tres hijas sin su madre?
Nada de eso tenía sentido.

Solo una cosa tenía sentido y fue saber que esta vida no es todo lo que hay, que si a los treinta y seis años de edad me iba a morir de cáncer (o de cualquier otra cosa), sabía adónde iba a pasar la eternidad por mi relación personal con Dios a través de su Hijo, Jesús.

La vida no estaba siendo justa conmigo, pero Dios lo sería. Él había provisto un camino para mi salvación. Yo iba a ir al cielo, donde las Escrituras prometen que no habrá más llanto, ni dolor, ni muerte (Apocalipsis 21:4). Yo no estaba siendo perjudicada al morir joven, porque esta vida no es todo lo que hay. Eso tuvo sentido y me dio esperanza.

Cuanto más confiaba en el Señor, tanta más esperanza tenía. Romanos 15:13 se hizo verdad en mi vida como nunca antes: "Le pido a Dios, fuente de esperanza, que los llene completamente de alegría y paz, porque confían en él. Entonces rebosarán de una esperanza segura mediante el poder del Espíritu Santo."

El alma de un sobreviviente de cáncer —su alma— necesita encontrar esperanza.

~ ~ ~

Querido amigo, mi oración es que todo marche bien en su trayectoria —o en la de su ser querido— con el cáncer.
Quiera Dios que su corazón haya encontrado una actitud positiva y realista.
Que su mente haya encontrado paz, al reemplazar las preocupaciones con pensamientos mejores y que se enfoque en el presente, y no en los "y qué si" del futuro.
Que su alma haya encontrado esperanza, una esperanza basada en el Dios de toda la creación, quien le da el verdadero significado a la vida.

Cuando Dios y el cáncer se encuentran, Dios *puede* hacer que del cáncer nos llegue una bendición, pero tenemos que dejar que Dios elija la bendición. Todas las personas cuyas historias escribí en este libro recibieron una bendición del cáncer, pero no siempre fue la que ellos hubieran elegido. Algunas veces, cuando no podían ver la mano de Dios, simplemente confiaron en el corazón de Dios. Salmo 50:15 dice: "Llámame cuando tengas problemas, y yo te rescataré, y tú me darás la gloria."

En el quinto aniversario del día en que me operaron del cáncer, escribí el siguiente poema que resume lo que me ha enseñado mi trayectoria con el cáncer:

Cuando el mundo se derrumba a tu alrededor, confía en Dios.
Cuando lo que sucede no tiene sentido, confía en Dios.
Cuando no ves la luz al final del túnel, confía en Dios.
Cuando lloras en silencio, confía en Dios.
Cuando el dolor rehúsa disminuir, confía en Dios.
Cuando tu corazón grita: "¿Por qué?," confía en Dios.
Cuando tienes más preguntas que respuestas, confía en Dios.
Cuando el diablo te dice algo diferente, confía en Dios.
Cuando es lo último que quieres hacer, confía en Dios.
Cuando has llegado al final de tus fuerzas, confía en Dios.

Tenga ánimo: Dios es digno de confianza en todas las cosas . . . inclusive en el cáncer.

Notas

CAPÍTULO 2: ENCUENTROS CERCANOS DE LA CLASE DIVINA
1. Sra. Charles E. Cowman, *Streams in the Desert*, vol. 2 (Grand Rapids, MI: Zondervan, 1966). Publicado en español como *Manantiales en el desierto*.

CAPÍTULO 4: CUANDO DIOS HIZO LA MANIOBRA DE HEIMLICH
1. Philip Yancey, *Disappointment with God* (Grand Rapids, MI: Zondervan, 1988), 182–184. Publicado en español como *Desilusión con Dios*.
2. Ibídem, 170.

CAPÍTULO 7: "FUE NUESTRA PRIMERA ORACIÓN JUNTOS."
1. David Biebel, *If God Is So Good, Why Do I Hurt So Bad?* [Si Dios es tan bueno, ¿por qué sufro tanto?] (Grand Rapids, MI: Fleming H. Revell, una división de Baker Book House, 1989), 15.

CAPÍTULO 19: EL CORAZÓN, LA MENTE Y EL ALMA DE UN SOBREVIVIENTE DE CÁNCER
1. Charles R. Swindoll, *Strengthening Your Grip* (Nashville, TN: W Publishing Group, antes Word Publishing, 1982), 206–207. Usado con permiso de Visión para Vivir (el ministerio de enseñanza bíblica de Charles R. Swindoll), Plano, TX 75025. Todos los derechos reservados. Publicado en español como *Afirme sus valores*.
2. Brent G. Ryder, *The Alpha Book on Cancer and Living* [El libro Alfa sobre el cáncer y la vida] (Alameda, CA: The Alpha Institute, 1993), 392–393.